艺术品拍卖投资考成汇典系列

Yi Shu Pin Pai Mai
Tou Zi Kao Cheng Hui Dian Xi Lie

中国古代紫檀木家具拍卖投资考成汇典

关毅 编著

ZHONG GUO GU DAI
ZI TAN MU JIA JU
PAI MAI TOU ZI
KAO CHENG HUI DIAN

中国书店

图书在版编目（CIP）数据

中国古代紫檀木家具拍卖投资考成汇典 / 关毅编著. – 北京：
中国书店, 2014.1
ISBN 978-7-5149-0871-8

Ⅰ. ①中… Ⅱ. ①关… Ⅲ. ①紫檀—木家具—拍卖
市场—研究—中国 Ⅳ. ①F724.785

中国版本图书馆CIP数据核字(2013)第259507号

中国古代紫檀木家具拍卖投资考成汇典

选题策划：春晓伟业

作　　者：关毅

责任编辑：晏如

装帧设计：耕莘文化

出版发行：中国书店

地　　址：北京市西城区琉璃厂东街115号

邮　　编：100050

印　　刷：北京圣彩虹制版印刷技术有限公司

开　　本：889mm × 1194mm　1 / 16

版　　次：2014年1月第1版　2014年1月第1次印刷

字　　数：190千字

印　　张：15

书　　号：ISBN 978-7-5149-0871-8

定　　价：398.00元

作者简介

关毅，字道远，号理成居士，清皇室满族镶黄旗人，
文物鉴赏家，收藏家，宫廷家具修复专家。
现任中国文物学会传统建筑园林委员会副秘书长，
中国紫禁城学会理事，
北京世纪宣和中式古典家具技术研究院院长，
著名红木企业太和木作创办人，
故宫博物院乾隆花园古旧文物家具修复研究项目负责人。
关毅先生长期从事古旧文物家具鉴定研究、修复的工作，
他所修复的古家具还原了古典家具的历史风格，恢复了其应有的
艺术价值。

2007年
关毅先生为北京奥运会设计的作品"中华玉文房"紫檀木提匣被
瑞士洛桑奥林匹克博物馆永久收藏。

2008年至今
关毅先生亲自主持故宫博物院乾隆花园古旧文物家具勘察修缮与
内檐装修大修工程，抢救了大量珍贵的历史文物。

2010年9月
关毅先生主持修复的"乾隆花园古典家具与内装修设计展"，在美
国马萨诸塞州皮博迪埃塞克斯博物馆正式向公众开放，轰动全美。

2011年1月31日
关毅先生主持修复的部分文物家具在美国纽约大都会艺术博物馆
举办的"养性怡情乾隆珍宝展"中惊艳全球。

2012年6月12日—10月14日
为庆祝香港回归十五周年，关毅先生主持修复的故宫乾隆文物家
具展在香港隆重举办，成为中华民族文化史上一大盛事。
关毅先生同时担纲多家拍卖公司艺术品投资顾问，经其鉴定修复
的古家具不计其数。
关毅先生出身满族世家，系清皇室贵胄，自幼诗礼传家，年少时
留学海外，眼界高远，学贯中西，思接古今。
关毅先生研究古典家具独辟蹊径，学术研究与创新屡有超越前人
之处。

```
      1
   ┌─────
 2 │  3
   │─────
   │  4
 5 │  6
```

1.关毅先生向诺贝尔和平奖获得者、南非共和国前总统德克勒克先生赠送"太和充满"牌匾

2.古斯塔夫·艾克夫人曾佑和女士向关毅先生赠送《中国黄花梨家具图考》一书并题词

3.香港著名古董家具收藏家、嘉木堂主人伍嘉恩女士莅临香港艺术馆

4.香港著名古家具收藏家、"攻玉山房"主人叶承耀先生(左)莅临香港艺术馆

5.关毅先生与故宫博物院研究馆员胡德生先生在故宫太和殿前合影。

6.关毅先生亲自参与故宫文物勘察与修复

前　言

中国古代家具是中华民族传统文化中，遗存最丰富、内容最广泛并与社会生活联系最紧密的物质文化遗产。一件件精美的古代家具不仅是中国古代社会历史持续发展和生产力水平不断提高的缩影，更能映衬出各个历史时期在社会制度、思想文化、生活习俗、审美情趣等方面的成就和变迁。中国古代家具文化，无疑是博大精深的中华民族传统文化及华夏艺术宝库中最不可分割和最辉煌灿烂的重要组成部分。

面对如此浩瀚、深邃、厚重而又极具质感魅力的文化瑰宝，以我一个学戏剧出身的"门外汉"底子，企图从中获取一二心得，实有力不从心之感。我知道，这一切都是因为自己"盛名之下，其实难副"惹的祸。数年前，缘于自己血液之中那一点点"皇室血脉"的感召，加之从小浸染于金石书画、古玩瓷器之中，那一层层耳濡目染的精神发端，又承蒙中国文物学界专家、学者、朋辈师友们的提携和推举，个人勇于进取，一气呵成，创办了"北京世纪宣和中式古典家具技术研究院·太和木作"，并担任院长一职。"太和木作"视传统文化的仁、义、礼、智、信为纲常，奉传统制作工艺为圭臬，以新知而利天下。盖因于此，积个人多年夙愿，编辑完成了《中国古代家具拍卖投资考成汇典》丛书。可以说，是自己多年以来向喜好中国古典家具的读者朋友们交的一份答卷。

《中国古代家具拍卖投资考成汇典》系列丛书涵盖漆木、黄花梨木、紫檀木、红木和柴木等五个不同主题，旨在对近年来一浪高过一浪的国内古代家具市场，在"拍卖与投资"两大领域的湍急潮流之中，梳理出一条可知可鉴的"实物线索"，为热爱中式古典家具的朋友们，提供可资借鉴的参考。更希望它能成为广大家具收藏爱好者，实用而具指导意义的案头必备读物。

《中国古代家具拍卖投资考成汇典》系列丛书除按材质工艺分为上述五卷外，各卷均按照家具的使用功能将拍品大致分为坐具、卧具、放置陈设、贮藏、屏蔽、文房及其他六大类。经过精心挑选、认真辨伪，精选了近二十年间国内高端拍卖行的拍品，并附有详细的拍卖交易信息。同时按照家具的器形由简而繁，拍卖的价格由高到低，参照纹饰风格等，进行梳理排列，以求全面、客观、真实地反映中国古代家具的拍卖导向。

《中国古代家具拍卖投资考成汇典》系列丛书不仅具有很强的实用价值，还兼具一定的鉴赏价值。我们的意图是，让读者朋友们在实现快捷搜索和查询的同时，获得视觉和感观上的审美愉悦，以满足广大家具爱好者的投资和鉴赏需求。

《中国古代家具拍卖投资考成汇典》系列丛书秉承精益求精的原则，以谨慎入微的态度去遴选和甄别每一件拍品。真诚希望它们不但能成为古典家具断代、辨伪的标杆，同时也能让朋友们尽可能全面掌握古典家具拍卖投资的第一手资讯；将书中的相关拍卖知识融会贯通，转化成能提升收藏投资回报的最大收益。当然，更希望它能在近年来古典家具投资市场的无限商机中，提供给朋友们一个理性分析和灵动预测的参考空间，便于大众了解和掌握中国古典家具的精华。

古代中式家具的内涵极其广博，集材质美、造型雅、结构考究、工艺精湛于一体，有着深厚的人文内涵和隽永的艺术生命力，又因其独特的历史文化价值，具有很大的升值空间。今天，随着人们物质生活的蒸蒸日上，投身参与古代家具投资与收藏队伍的人越来越多，尽管我们每一个人对于古代中式家具的鉴赏能力，或良莠不齐，或见仁见智，但深入其中，终究能发现有许多"规律"可寻。这样的"规律"既代表了对于中国古代家具最高水平的鉴赏，同时也意味着它身处今天的市场经济中，真实可信的货币价格和历史文化的艺术人文的价值评估。

柯林武德说："过去的历史今天依然活着，它并没有死去。"每天穿梭于一地古香典雅、满眼历史印痕的故宫，日往月来，年复一年，对于古典家具的审美激情催人华发早生。看着眼前这累累的文字书稿，留连于一张张精致的古典家具图片，想着这些年来辛苦积攒起来的经验和心得，禁不住心情舒畅起来，产生许许多多"知遇"的感慨。这种舒畅是源远流长的中华传统文化赐予我的人生幸运，这样的"知遇"是无数热爱中国古代家具的人们，共同传递给我的美妙的福气，这样的知足感恩是自己心心念念积蓄起来的点点滴滴最真实的感受。

但愿我们的努力能为弘扬中华木作文化尽一份绵薄之力，则余愿足矣！

北京世纪宣和中式古典家具技术研究院院长

关毅

2013年9月2日

中国古典家具拍卖二十年

关毅

一、古典家具拍卖起步虽晚但方兴未艾

拍卖系舶来品，自十九世纪七十年代传入中国，伴随着中国社会的兴衰更替，历经百余年沧桑。中国古典家具最初只是在专业人士及爱好者中探讨，国人习焉不察，所以第一个为中国传统家具著书立说的人反倒是德国人古斯塔夫·艾克（Gustav Ecke）。1944年艾克和其助手杨耀出版了《中国花梨家具图考》。1971年，美国人安思远（R. H. Ellsworth）完成《中国家具》（Chinese Furniture）一书，在中国家具研究史上占有重要一席。

1983年，王世襄先生的《明式家具珍赏》及后来的《明式家具研究》相继问世。此后，有关中国古典家具的研究、收藏、展览、出版呈现"繁花万树迷人眼"的景象，让国人知晓古典家具作为高雅文化，兼具实用性、观赏性和收藏价值，既可实用，也可宝藏，能够充分体现藏家的品位。

1985年之后，随着我国经济体制改革的不断深化，拍卖交易迅速恢复和发展。古典家具拍卖起步虽晚，但因为其厚重的文化含量和巨大的经济价值，日益受到人们的喜爱和重视，发展势头方兴未艾。

从1994年秋季开始，中国古典家具进入拍卖领域，当年中国嘉德和北京翰海共同推出十件黄花梨拍品，虽然上拍量较少，价位也低，但在中国拍卖交易史上及古典家具收藏研究领域却具有重要的里程碑意义。从那时算起，中国古典家具拍卖走过了二十年不平凡的历程。

1996年，纽约佳士得总部举行了一场中国古典家具拍卖会，这是一场标志性的拍卖会。来自全世界的三百多位收藏家、文博专家、实业家参加拍卖，参拍的107件中国明清古典家具无一例外全部成交，创造了国际拍卖市场上少有的奇迹，因此被业界称为中国古典家具跻身世界级重要拍卖品行列的标志。

曾几何时，一代鉴古大家王世襄面对"文革"中明清家具惨遭毁坏的惨状，仰天长啸："中岁徒劳振臂呼，檀梨惨殛泪模糊。"而面对"文革"之后古典家具拍卖的中兴，又令王世襄先生喜不自禁，"而今喜入藏家室，免作胡琴与算珠。"

到2004年秋，古典家具的关注度得到进一步提高，价位首次突破千万元大关。而从2009年秋开始，古典家具拍卖市场迅猛发展，并在2010年春形成历史高峰，上拍量为289件。2011年，古典家具的拍卖场次安排趋于频繁，仅中国嘉德就举办了七场家具拍卖，春拍更是获得两个专场100%的非凡成交业绩。

从近年拍卖数据来看，古典家具行情稳步上升：

2007年5月，香港佳士得，清朝康熙御制宝座拍出1376万港元，打破了御制宝座的世界拍卖纪录。

2007年11月，北京保利，清乾隆紫檀方角大四件柜以2800万元人民币创下了中国明清家具拍卖的世界纪录。

2008年4月，中国嘉德，清乾隆紫檀雕西番莲大平头案，拍出3136万元人民币。清乾隆紫檀束腰西番莲博古图罗汉床以3248万元人民币刷新中国明清家具拍卖的世界纪录。

2008年，纽约苏富比中国古典家具的成交率高于其80%的普遍成交率，明代家具更是百分百成交。

2009年10月，香港苏富比，清乾隆御制紫檀木雕八宝云纹水波云龙宝座以8578万港元的拍卖价格再破中国家具世界拍卖纪录。

随着时间推移，到2010年，秋拍市场成交最火爆、竞价最激烈的拍品是什么？就是中式古典家具。2010年11月20日，一件清乾隆"黄花梨云龙纹大四件柜（一对）"在中国嘉德"秋光万华——清代宫廷艺术集粹"专场以3976万元人民币成交，创造了黄花梨家具拍卖新纪录。而这个纪录仅仅保持了一天，就在次日，一张明代黄花梨簇云纹马蹄腿六柱式架子床以4312万元再次刷新拍卖纪录。

此次中国嘉德推出的黄花梨家具专场拍卖，100%成交，总成交额2.59亿元人民币。同时，国内其他拍卖公司古典家具拍卖也红红火火。特别是以黄花梨、紫檀为代表的硬木家具，因其资源极度匮乏且具有巨大的升值潜力，成为了继书画、瓷器和玉器之后的又一令人瞩目的收藏热点，业内人士用一句话概括古典家具拍卖："火的不得了"。

随着国民生活水平不断提高以及投资理念的转变，作为现代服务业的一个重要组成部分，中国古典家具拍卖必将迎来更加广阔的生存空间，面临更大的发展机遇。

二、明清古典家具拍卖最具升值空间

中国传统家具的精髓在于神，不在于形。形之千变万化，由战国及秦汉及晋唐及宋元及明清，脉络可理；由低向高是中国家具的发展态势，由简向繁是中国家具的演变。在中国古典家具中，无论是卧具、承具、坐具还是庋具，都可以撇开形式，向后人讲述它跨时空存在的意义及看不见的精神享受。

中国古典家具，尤其明清家具，设计理念深受传统文化的影响。一是秉承天人合一的思想，极为重视原木材质及其纹理的运用，产生了质地坚硬、色泽幽雅、肌理华美的自然之美，以及稳重大气、简洁流畅的态势之美；造型上大到整把圈椅，小到牙板、马蹄脚等寓意生动，充分表现出造物与自然之物的和谐。二是色彩厚重而不沉闷，华美而不艳俗，比例尺度严密，圆中有方、方中见圆的设计理念，体现出中国古代天圆地方的哲学思想。三是曲线与直线的对比，柔中带刚，虚实相生，灵动而沉着的设计理念充分显示出"顺应自然，崇尚节俭"的生活信条，"不以物喜，不以己悲"的处事原则和"抱朴守真，寂空无为"的价值取向。四是在家具上雕饰大量吉祥图案，满足了人们的精神需求。

收藏升值潜力高的古典家具，原材料很重要，越罕有价越高。其中紫檀木、黄花梨木、鸡翅木、铁力木并称中国古代四大名木。

古典家具中，首选紫檀，因其宫廷专用，民间极少见。产自印度的小叶紫檀，又称檀香紫檀，是目前所知最珍贵的木材，是紫檀木中最高级的一类。而常言十檀九空，最大的紫檀木直径仅为二十厘米左右，难出大料，其珍贵程度可想而知。同时受生产力交通运输原因，至清代，来源枯竭，这也是紫檀木为世人所珍视的一个重要原因。紫檀家具的特色是重装饰多雕工花纹，与明清时代的简约风格截然不同，特别受国内买家追捧。

黄花梨的稀有程度仅次于紫檀。黄花梨俗称"降香木"，红木国标定为香枝木类，木质坚硬，纹理漂亮，在木料、颜色及耐看性方面较高，是制作古典硬木家具的上乘材料。其树种降香黄檀虽易成活，但成材却需要上千年的生长期，所以早在明末清初，海南黄花梨木种就濒临灭绝。因此，留存至今的黄花梨家具十分珍贵。

从年代和造型风格来看，明清家具作为中国古典家具中的精华，成为拍场上众多藏家眼中青睐的珍宝。目前最具升值潜力的家具有三，其一是明代和清早期在文人指点下制作的明式家具，木质一般都是黄花梨；其二是清康雍乾时期由皇帝亲自监督，宫廷专造，挑选全国最好的工匠在紫禁城里制作的清代宫廷家具，木质一般是紫檀木；其三是如今市场趋热的红木家具，虽然不比紫檀、黄花梨，但在审美情趣上较多体现了明清家具的遗韵，有着很大的收藏价值。这三类家具虽然市场价格很高，但从投资角度看，仍最具升值空间。以2012年春拍为例，明清古典家具以及宫廷御制珍品受到藏界的追捧。数场拍卖会成交不俗，上升之势明显。

三、古典家具拍卖虽经历短暂低迷，但前途大好

2012春季拍卖会，由于金融市场和房地产市场双双低迷，春拍的上拍量都有所减少、规模有所压缩。2012年冬，各个拍卖公司的秋季拍卖会接踵而至。不过近年来一路看涨的艺术品市场却突然唱出了"休止符"，不少艺术品的拍卖行情低迷。在中国嘉德的秋拍中，以"姚黄魏紫"命名的明清古典家具专场拍卖，集中了当今古典家具收藏的巅峰之作，120多件拍品数量空前。然而多件拍品出现流拍，其一、二两个专场成交率分别为34.04%与46.97%，总成交额仅为2.3亿元。

面对显出疲态的市场，质疑古典家具收藏市场行情的声音多了，也有人认为"秋拍季"就是艺术品投资的"拐点"。那么，艺术品收藏市场是否由热趋冷了呢？

实际上，艺术品投资收藏市场的资金周转速度慢，在短期内出现这么频繁和大规模的拍场安排，很容易使现有的市场容量趋于饱和。这导致两方面的结果：一方面水涨船高，古典家具的价位在屡次拍卖中节节攀升；另一方面，收藏者手

里已经有了一定藏品的积累，拥有了一些重量级的家具，这也使得他们在后面的拍卖中表现得更为谨慎。

古典家具市场的相对低迷，也正是短期内行情持续走高而需要调整适应的表现。艺术品市场专家认为，由于此前家具专场拍卖都比较成功，卖家纷纷要求把拍品估值调高，而这是违背拍卖业低估高卖的规律的，所以导致大面积流拍。

近几年来，随着经济发展和人们投资心态加重，古典家具市场新的买家不断涌现，急剧拉升市场行情。一方面，圈内玩家缺乏足够的资金去购买，因而更多地选择谨慎观望；另一方面，新玩家虽然资金相对充裕，但相对缺乏鉴别真伪的能力，在拍卖中往往表现出随大溜的跟风心理，在局势不明、大多观望的古典家具拍卖市场中，他们也往往受影响而犹疑不决。

家具拍卖行情低迷，是否表示目前的古典家具领域已经出现价格泡沫？

其实，如果与书画等其他艺术收藏品相比，古典家具还存在升值空间。从拍卖价格上说，书画拍卖过亿的情况屡见不鲜，但中国古典家具始终没有步入这一行列。

目前，中国古典家具受到海外收藏家的争相追捧及各大博物馆的收购珍藏。由于古典家具结合了最好的材质，如纹理瑰美的黄花梨和肃穆大方的紫檀；运用了最好的工艺，如其榫卯非常精巧，因此承载了深厚的中国古代建筑美学内涵。古典家具还有很大的实用和欣赏价值，布置在居室中，美观好看。更由于古典家具资源十分有限，经典的精品佳作稀缺难求。因此，其市场潜力还有待进一步挖掘。

即便在价格连续攀升而使买家普遍观望的市场行情中，精品家具还是能受到买家的欢迎而拍到理想的价格。以2012年春拍为例，此次拍卖虽然成交率低，但其中五件精品家具还是突破了千万元的价格而顺利成交，其中一件从恭王府流出的清宫御用家具"清乾隆紫檀雕西番莲庆寿纹宝座"，更以5750万元夺魁。

可见，社会对古典家具的购藏热情并没有消退。只要中国的宏观经济不发生大的波折和逆转，随其持续稳定的发展，未来古典家具投资收藏的需求必然增加，古典家具市场的容量和实力也将得到壮大。

目录

○○一 　前言

○○三 　中国古典家具拍卖二十年

○○一 　坐具

○三七 　卧具

○五一 　放置陈设

一一七 　贮藏

一四九 　屏蔽

一九一 　文房及其他

坐具

中国古代紫檀木家具
拍卖投资考成汇典

ZHONG GU GU DAI ZI TAN MU
JIA JU PAI MAI TOU ZI KAO CHENG
HUI DIAN

001

002

001

金星紫檀圈椅

年　　代：明

尺　　寸：长 93 厘米　宽 58 厘米　高 47 厘米

拍卖时间：中国南京　1996 年 7 月 7 日

　　　　　春季拍卖会　中国明清家具专场　第 619 号

估　　价：RMB 300,000—500,000

002

鸡血紫檀圈椅

年　　代：明

尺　　寸：长 102 厘米　宽 60 厘米　高 48 厘米

拍卖时间：中国南京　1996 年 7 月 7 日

　　　　　春季拍卖会　中国明清家具专场　第 620 号

估　　价：RMB 300,000—600,000

003

004

003

鸡血紫檀圈椅

年　　代：明

尺　　寸：长 98 厘米　宽 61 厘米　高 47 厘米

拍卖时间：中国南京　1996 年 7 月 7 日

　　　　　春季拍卖会　中国明清家具专场　第 621 号

估　　价：RMB 300,000—600,000

004

金星紫檀圈椅

年　　代：明

尺　　寸：长 103 厘米　宽 62 厘米　高 48 厘米

拍卖时间：中国南京　1996 年 7 月 7 日

　　　　　春季拍卖会　中国明清家具专场　第 622 号

估　　价：RMB 300,000—600,000

005

006

005

金星紫檀圈椅

年　　代：明

尺　　寸：长100厘米　宽62厘米　高48厘米

拍卖时间：中国南京　1996年7月7日

　　　　　春季拍卖会　中国明清家具专场　第623号

估　　价：RMB 300,000—600,000

006

紫檀梳背椅（一对）

年　　代：明

尺　　寸：长60厘米　宽46厘米　高98厘米

拍卖时间：中国南京　2011年4月23日

　　　　　春季拍卖会　中国明清家具专场　第37号

估　　价：RMB 38,000—680,000

成　交　价：38,000

007

008

007

紫檀木嵌瘿木扶手椅（四件）

年　　代：清

尺　　寸：长 98.5 厘米　宽 63 厘米

拍卖时间：中国南京　1996 年 7 月 7 日

　　　　　春季拍卖会　中国明清家具专场　第 626-2 号

估　　价：RMB 400,000—580,000

008

紫檀玫瑰椅（一对）

年　　代：十七世纪至十八世纪

尺　　寸：高 88.3 厘米　长 56.5 厘米　宽 44.4 厘米

拍卖时间：纽约苏富比　1999 年 3 月 23 日

　　　　　重要的中国古典家具专场　第 115 号

估　　价：USD 20,000—30,000

009

010

009

紫檀雕镂雕藤纹鼓钉绣墩（一对）

年　　代：清（十八世纪）

尺　　寸：高 45.7 厘米　径 35.6 厘米

拍卖时间：纽约苏富比　1999 年 3 月 23 日

　　　　　重要的中国古典家具专场　第 59 号

估　　价：USD 12,000—18,000

010

紫檀束腰雕西番莲纹六足带托泥凳（一对）

年　　代：清（十八世纪）

尺　　寸：高 47.6 厘米　径 35.6 厘米

拍卖时间：纽约苏富比　1999 年 3 月 23 日

　　　　　重要的中国古典家具专场　第 83 号

估　　价：USD 10,000—15,000

011

012

011

紫檀五屏式扶手椅

年　　代：清乾隆

尺　　寸：长 66 厘米　宽 51.5 厘米　高 108 厘米

拍卖时间：中国嘉德　1999 年 10 月 27 日

　　　　　秋季拍卖会　古典家具　第 1156 号

估　　价：RMB 120,000—150,000

成 交 价：RMB 132,000

012

紫檀雕镂雕绳纹玉璧六方凳（一对）

年　　代：清（十八世纪）

尺　　寸：高 49.5 厘米　长 40.6 厘米

拍卖时间：纽约苏富比　1999 年 3 月 23 日

　　　　　重要的中国古典家具专场　第 54 号

估　　价：USD 20,000—30,000

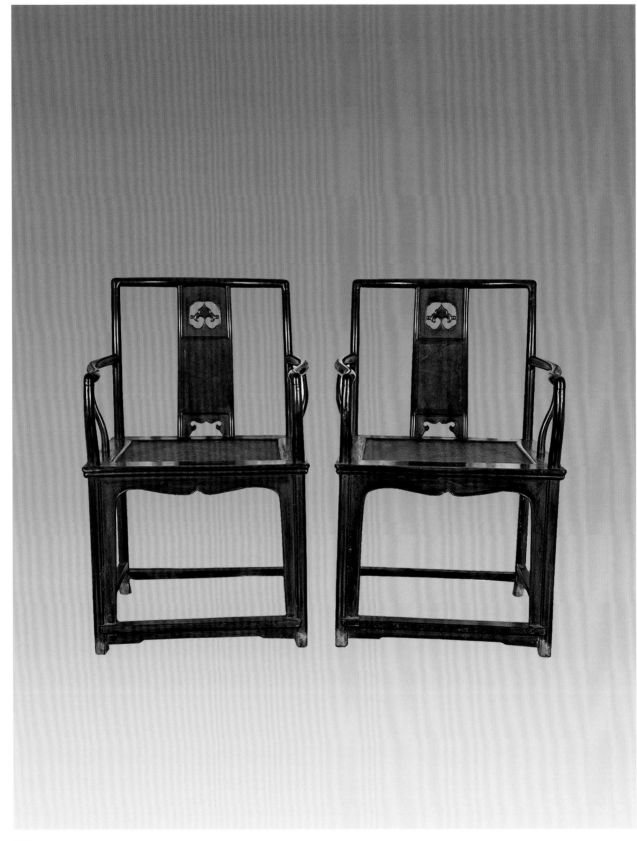

013

十八世纪紫檀扇形南官帽椅（一对）

年　　代：十八世纪

尺　　寸：高 93 厘米

拍卖时间：上海嘉泰 2010 年 10 月 16 日　中国瓷器工艺品专场　第 0700 号

估　　价：RMB 100.000—150.000

014

紫檀南官帽椅 几（一套三件）

年　　代：民国

尺　　寸：椅长 45 厘米；宽 51 厘米；高 98 厘米；

　　　　　几长 45 厘米；宽 33.5 厘米；高 74.5 厘米

拍卖时间：北京舍得　2012 年 12 月 21 日　中国古典家具、清玩案头赏石专场　第 0008 号

估　　价：RMB 160,000—200,000

015

紫檀雕花太师椅（一对）

年　　代：清中期

尺　　寸：长 64 厘米　宽 49.5 厘米　高 108 厘米

拍卖时间：北京翰海　2004 年 11 月 22 日秋季　拍卖会明清家具专场　第 3134 号

估　　价：RMB 300,000—500,000

成 交 价：RMB 330,000

016

紫檀镶云石书卷椅（一对）

年　　代：清

尺　　寸：高 103 厘米　长 61 厘米　宽 48 厘米

拍卖时间：南京正大　2008 年 1 月 19 日　迎春明清古典家具专场　第 35 - 1 号

估　　价：RMB 690,000—1,290,000

成 交 价：RMB 759,000

017

紫檀有束腰方马蹄足三屏风扶手椅（一对）

年　　代：清早期

尺　　寸：高 101.6 厘米　宽 72.6 厘米　深 62 厘米

拍卖时间：中国嘉德　（香港）2008 年 4 月 27 日　盛世雅集——清代宫廷紫檀家具　第 2209 号

估　　价：RMB 200,000,000—300,000,000

成 交 价：RMB 336,000,000

018

紫檀西番莲花板方凳（一对）

年　　代：清乾隆

尺　　寸：长 52.5 厘米　宽 52.5 厘米　高 51.5 厘米

拍卖时间：北京保利　2008 年 5 月 30 日　开物——明清宫廷艺术夜场　第 2151 号

估　　价：RMB 600,000—800,000

成 交 价：RMB 884,800

019

紫檀雕夔龙纹宝座

年　　代：清乾隆

尺　　寸：高 109 厘米　长 102 厘米　宽 86.5 厘米

拍卖时间：香港佳士得　2008 年 12 月 3 日　重要中国瓷器及工艺精品　第 2509 号

估　　价：待询

020

紫檀雕西番莲太师椅

年　　代：清乾隆

尺　　寸：长 65.5 厘米　宽 51.5 厘米　高 111 厘米

拍卖时间：北京翰海　2009 年 9 月 11 日　庆典拍卖 15 周年精品集　第 1 号

估　　价：RMB 2,000,000—3,000,000

成 交 价：RMB 3,584,000

021

紫檀雕云龙纹宝座

年　　代：清乾隆

尺　　寸：长 78.7 厘米　宽 104.1 厘米　高 99 厘米

拍卖时间：北京翰海　2009 年 9 月 11 日　庆典拍卖 15 周年精品集　第 4 号

估　　价：RMB 6,000,000—8,000,000

成 交 价：RMB 8,960,000

022

紫檀方凳

年　　代：清中期

尺　　寸：长 49 厘米　宽 49 厘米　高 52.5 厘米

拍卖时间：北京翰海　2009 年 11 月 10 日　十五周年庆典拍卖会明清家具　第 2801 号

估　　价：RMB 80,000—120,000

成　交　价：RMB 134,400

023

紫檀禅凳

年　　代：清

尺　　寸：高 48.5 厘米　长 63 厘米　宽 63 厘米

拍卖时间：南京正大　2010 年 1 月 17 日　春季明清古典家具专场　第 5 号

估　　价：RMB 260,000—460,000

成 交 价：RMB 395,500

024

紫檀大春凳

年　　代：清

尺　　寸：高 50 厘米　长 179 厘米　宽 66 厘米

拍卖时间：南京正大　2010 年 5 月 23 日　春季明清古典家具专场　第 46 号

估　　价：RMB 278,000—378,000

成 交 价：RMB 392,000

025

紫檀春凳

年　　代：清

尺　　寸：高 48.5 厘米　长 98.5 厘米　宽 40 厘米

拍卖时间：南京正大　2010 年 5 月 23 日　春季明清古典家具专场　第 11 号

估　　价：RMB 220,000—420,000

成 交 价：RMB 392,000

026

紫檀龙纹圈椅

年　　代：清中期

尺　　寸：高 99 厘米　长 60 厘米　宽 48 厘米

拍卖时间：北京保利　2010 年 6 月 5 日　中国古董珍玩　第 5359 号

估　　价：RMB 100,000—150,000

成 交 价：RMB 257,600

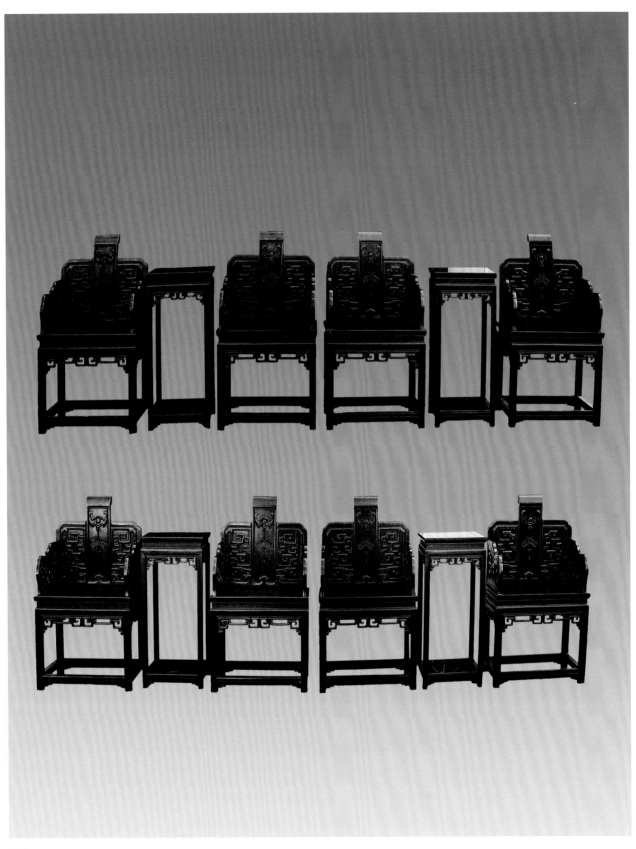

027

紫檀雕福庆如意纹太师椅一堂（八椅四几）

年　　代：清乾隆

尺　　寸：椅高 108 厘米　长 66 厘米　宽 51.5 厘米

　　　　　几高 84.5 厘米　长 40.5 厘米　宽 39.5 厘米

拍卖时间：北京保利（5 周年）　2010 年 12 月 5 日　宫廷艺术与重要瓷器工艺品　第 4766 号

估　　价：RMB 4,000，000—6,000,000

成 交 价：RMB 6,720,000

028

紫檀雕云龙纹御制宝座

年　　代：清乾隆

尺　　寸：高 127 厘米　长 137 厘米　宽 95 厘米

拍卖时间：北京保利（5 周年）　2010 年 12 月 5 日　云龙九九——龙纹图像与明清宫廷艺术　第 4559 号

估　　价：RMB 无底价

成 交 价：RMB 71,680,000

029

紫檀雕夔龙饕餮纹宝座

年　　代：清乾隆

尺　　寸：长 110 厘米

拍卖时间：北京保利（第十四期）　2011 年 4 月 16 日　京华余晖——清宫木器杂项　第 443 号

估　　价：RMB 300,000—400,000

成 交 价：RMB 1,840,000

030

紫檀大圈带踏椅

年　　代：清乾隆

尺　　寸：长 68 厘米　宽 75 厘米　高 124.5 厘米

拍卖时间：舍得　2010 年 12 月 16 日中国明清家具　专场拍卖会　第 36 号

估　　价：RMB 800,000—900,000

031

紫檀里腿二人凳

年　　代：清

尺　　寸：高49厘米　长99厘米　宽50厘米

拍卖时间：舍得拍卖　2011年4月17日　中国明清黄花梨、紫檀家具专场拍卖会　第18号

估　　价：RMB　180,000—250,000

成 交 价：RMB　130,000

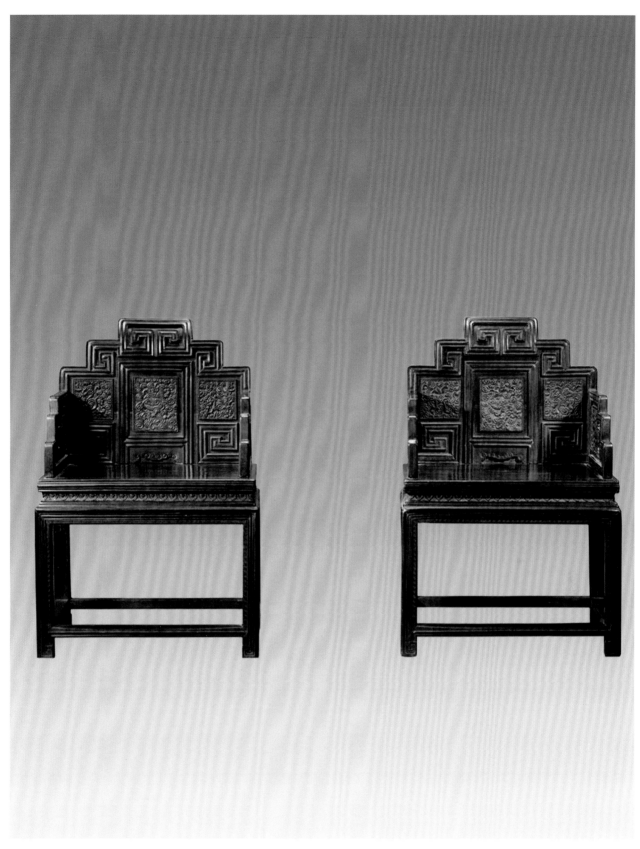

032

紫檀雕海水螭龙纹扶手椅（一对）

年　　代：清乾隆

尺　　寸：长59厘米　宽46厘米　高86厘米

拍卖时间：北京匡时　2011年6月8日　清代宫廷紫檀家具专场　第2382号

估　　价：RMB 4,500,000—5,500,000

成 交 价：RMB 5,750,000

033

033

紫檀劈料六足禅凳

年　　代：清

尺　　寸：高 56 厘米　长 45 厘米　宽 45 厘米

拍卖时间：中国（嘉德四季）　2011 年 6 月 20 日

　　　　　佳器遗构——明清家具构件及古典家具

　　　　　专场　第 5408 号

估　　价：RMB 180,000—250,000

成 交 价：RMB 230,000

034

紫檀黄花梨海棠凳（一对）

年　　代：清早期

尺　　寸：高 52 厘米　长 55 厘米　宽 45 厘米

拍卖时间：南京正大　2010 年 1 月 17 日

　　　　　春季明清　古典家具专场　第 20 号

估　　价：RMB 690,000—890,000

成 交 价：RMB 791,000

034

035

紫檀交杌

年　　代：清初

尺　　寸：高 48 厘米　宽 59 厘米　深 39 厘米

拍卖时间：香港佳士得　2012 年 11 月 28 日精凝

简练——美国私人收藏家珍藏中国家

具　第 2039 号

估　　计：HKD 2,000,000—2,800,000

036

紫檀有束腰马蹄腿带托泥长方凳（一对）

年　　代：清早期

尺　　寸：高 52.5 厘米　长 49 厘米　宽 42 厘米

拍卖时间：中国嘉德　2012 年 10 月 29 日澄怀观

物——明清古典家具　第 3885 号

估　　价：RMB 950,000—1,800,000

成　交　价：RMB 1,610,000

035

036

037

紫檀有束腰长方凳（一对）

年　　代：清

尺　　寸：高50厘米　长70厘米　宽52厘米

拍卖时间：中国嘉德四季　2011年9月19日　承古容今——古典家具专场　第5937号

估　　价：RMB 1,400,000—1,600,000

成　交　价：RMB 1,610,000

038

紫檀雕西番莲庆寿纹宝座

年　　代：清乾隆

尺　　寸：高 115 厘米　长 125 厘米　宽 75 厘米

拍卖时间：中国嘉德 2011 年 11 月 12 日　姚黄魏紫——明清古典家具（一）　第 2952 号

估　　价：待询

成 交 价：RMB 57,500,000

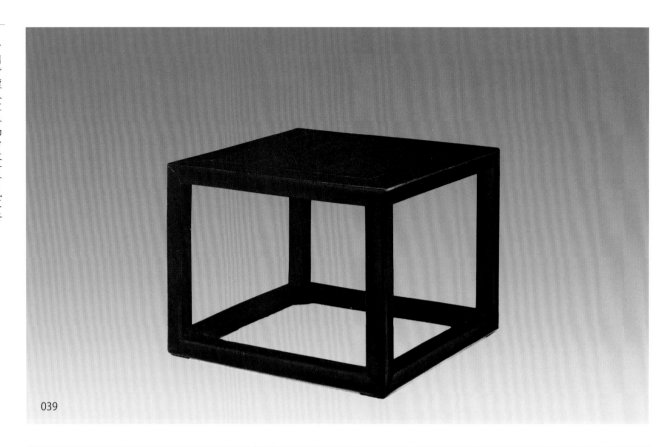

039

040

039

紫檀方凳

年　　代：清十八世纪

尺　　寸：高 21.3 厘米　长 28.5 厘米　宽 28.5 厘米

拍卖时间：纽约佳士得　2012 年 3 月 22 日御案清玩——
　　　　　普孟斐珍藏选粹　第 1318 号

估　　价：USD 20,000—30,000

成 交 价：USD 25,000

040

紫檀八角凳（一对）

年　　代：清中期

尺　　寸：高 48.5 厘米

拍卖时间：北京保利　2012 年 6 月 7 日中国古董珍
　　　　　玩　第 8190 号

估　　价：RMB 300,000—500,000

成 交 价：RMB 345,000

041

042

041

紫檀圈椅（一对）

年　　代：清中期

尺　　寸：高98厘米　长59厘米　宽48厘米

拍卖时间：中国嘉德（香港）　2012年10月7日

　　　　　观华——明清古典家具及庭院陈设精品　第381号

估　　价：HKD 1,600,000—3,000,000

成　交　价：HKD 2,760,000

042

紫檀螭龙纹扶手椅（一对）

年　　代：清早期

尺　　寸：高94.8厘米　长56.7厘米　宽43.3厘米

拍卖时间：中国嘉德　2012年10月29日

　　　　　澄怀观物——明清古典家具　第3919号

估　　计：RMB 1,800,000—3,200,000

成　交　价：RMB 2,415,000

043

紫檀木雕云龙纹宝座

年　代：清

尺　寸：长86厘米

拍卖时间：太平洋　2011年6月18日珍·雅趣——重要杂项　工艺品专场　第304号

估　价：无底价

成 交 价：RMB 50,400

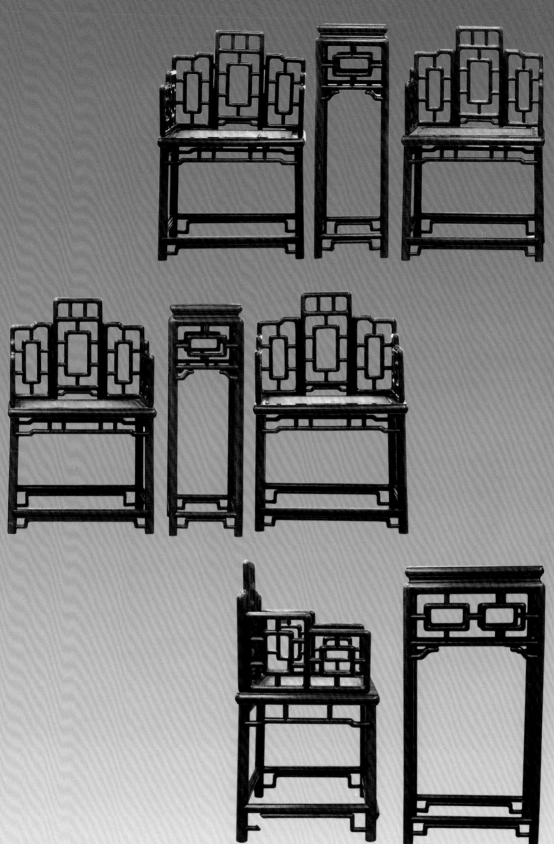

044

紫檀屏风式扶手椅及花几一堂

年　　代：清中期

尺　　寸：椅长 51.5 厘米　宽 41.5 厘米　高 79.5 厘米　几长 41.5 厘米　宽 25.8 高 79.5 厘米

拍卖时间：北京保利　2012 年 12 月 7 日中国古董珍玩　第 7776 号

估　　价：RMB 400,000—600,000

成 交 价：RMB 805,000

045

紫檀有束腰三弯腿带拖泥西番连纹大扶手椅

年　　代：清乾隆

尺　　寸：高 112 厘米　长 67 厘米　宽 51 厘米

拍卖时间：中国嘉德　2013 年 4 月 5 日香港 2013 春季拍卖　第 515 号

估　　价：HKD 3,000,000—5,000,000

成 交 价：HKD 3,450,000

卧具

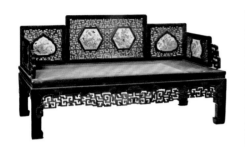

中国古代紫檀木家具
拍卖投资考成汇典
ANCIENT CHINESE SANDA LWOOD
FURNITURE AUCTION INVESTMENT
INTO EXCHANGE STANDARDWW

001

紫檀藤屉花卡子凉榻

年　　代：清（十八世纪）

尺　　寸：高46.4厘米　长211.5厘米

拍卖时间：纽约苏富比　1999年3月23日　重要的中国古典家具专场　第85号

估　　价：USD 60,000—80,000

002

紫檀矮老藤屉三屏围捍罗汉床

年　　代：清（十八世纪）

尺　　寸：高 99.1 厘米　宽 59.7 厘米

拍卖时间：纽约苏富比　1999 年 3 月 23 日　重要的中国古典家具专场　第 124 号

估　　计：USD 20,000—30,000

003

紫檀六柱大架子床

年　　代：清早期

尺　　寸：长 227 厘米　宽 179 厘米　高 230 厘米

拍卖时间：中国嘉德　1999 年 10 月 27 日　秋季拍卖会古典家具　第 1157 号

估　　价：RMB 500,000—700,000

004

紫檀藤面罗汉床

年　　代：明

尺　　寸：长 217 厘米　宽 118 厘米　高 96 厘米

拍卖时间：北京翰海　2000 年 7 月 3 日　春季拍卖会中国木器家具　第 1733 号

估　　价：RMB 1,200,000—2,000,000

005
紫檀束腰西番莲博古图罗汉床
年　　代：清乾隆
尺　　寸：高 94.5 厘米　长 247 厘米　宽 175 厘米
拍卖时间：中国嘉德　2008 年 4 月 27 日　盛世雅集——清代宫廷紫檀家具　第 2208 号
估　　价：待询
成 交 价：RMB 32,480,000

006

紫檀松寿齐天架子床

年　　代：清乾隆

尺　　寸：高 235 厘米　长 213 厘米　宽 149 厘米

拍卖时间：北京保利　2008 年 5 月 30 日　开物——明清宫廷艺术夜场　第 2156 号

估　　价：RMB　6,000,000—8,000,000

成 交 价：RMB　6,720,600

007

紫檀罗汉床

年　　代：清

尺　　寸：高86厘米　长200厘米　宽101.5厘米

拍卖时间：南京正大　2010年5月23日　春季明清古典家具专场　第53号

估　　价：RMB 800,000—1,500,000

成 交 价：RMB 1,097,000

008

紫檀雕云龙纹罗汉床

年　　代：清乾隆

尺　　寸：高 163 厘米　长 197.5 厘米　宽 131.5 厘米

拍卖时间：北京保利（5 周年）　2010 年 12 月 5 日　云龙九九——龙纹图像与明清宫廷艺术　第 4557 号

估　　价：RMB 23,000,000—33,000,000

成 交 价：RMB　25,760,000

009

紫檀嵌绿端罗汉床

年　　代：清

尺　　寸：高 80.5 厘米　长 205.5 厘米　宽 101 厘米

拍卖时间：南京正大　2011 年 4 月 23 日　春季明古典家具专场　第 35 号

估　　价：RMB 1,800,000—3,800,000

成 交 价：RMB 4,256,000

010

紫檀嵌云母石玉屏七石独板罗汉大床

年　　代：明

尺　　寸：长 215.5 厘米　宽 156 厘米　高 110 厘米

拍卖时间：江苏万达国际　2011 年 5 月 29 日　明韵清风雅致天成——明清及部分海外回流家具专场　第 1294 号

估　　价：RMB 6,000,000—8,000,000

成 交 价：RMB 8,400,000

011

紫檀罗汉床

年　　代：民国

尺　　寸：长 213 厘米　宽 133 厘米　高 96 厘米

拍卖时间：南京正大拍卖　2011 年 4 月 20 日　2011 春季拍卖中国明清古典家具专场　第 54 号

估　　价：RMB 928,000—1,580,000

成 交 价：RMB 1,064,000

012
紫檀配黄杨木五屏风攒边镶五彩花蝶纹瓷板围子罗汉床
年　　代：清
尺　　寸：高 96.2 厘米　宽 176.2 厘米　深 77.5 厘米
拍卖时间：纽约苏富比　2011 年 9 月 14 日　中国瓷器艺术品专场　第 162 号
估　　价：RMB 150,000—250,000

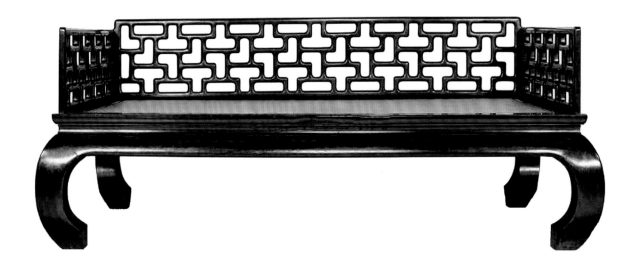

013

紫檀三屏风攒接围子罗汉床

年　　代：清早期

尺　　寸：长 212.4 厘米　宽 122 厘米　高 87.3 厘米

拍卖时间：中国嘉德　2012 年 5 月 13 日　春季拍卖会胜日芳华——明清古典家具集珍（三）　第 2870 号

估　　价：RMB 18,000,000—30,000,000

成 交 价：RMB 20,700,000

放置陈设

中国古代紫檀木家具
拍卖投资考成汇典

ZHONG GU GU DAI ZI TAN MU
JIA JU PAI MAI TOU ZI KAO CHENG
HUI DIAN

001

002

001

紫檀漆面琴桌

年　　代：清乾隆

尺　　寸：高 86.5 厘米　长 115.5 厘米　宽 46.5 厘米

拍卖时间：中国嘉德　1996 年 4 月 20 日

　　　　　春季拍卖会　瓷器、玉器、鼻烟壶、工艺品专场　第 923 号

估　　价：RMB 150,000—200,000

002

金星紫檀香几

年　　代：明

尺　　寸：面径 78 厘米　高 37.5 厘米

拍卖时间：中国南京　1996 年 7 月 7 日

　　　　　春季拍卖会　中国明清家具专场　第 616 号

估　　价：RMB 500,000—700,000

003

004

003

金星紫檀夹头榫翘头案

年　　代：明

尺　　寸：长 126 厘米　宽 83 厘米　高 40 厘米

拍卖时间：中国南京　1996 年 7 月 7 日

　　　　　春季拍卖会　中国明清家具专场　第 618 号

估　　价：RMB 200,000—400,000

004

紫檀雕海水纹条桌

年　　代：清（十八世纪）

尺　　寸：高 87 厘米　长 128.3 厘米　宽 36.2 厘米

拍卖时间：纽约苏富比　1999 年 3 月 23 日

　　　　　重要的中国古典家具专场　第 79 号

估　　价：USD 25,000—35,000

005

006

005

紫檀矮足条案

年　　代：清（十八世纪）

尺　　寸：高 86.3.5 厘米　长 139 厘米　宽 47 厘米

拍卖时间：纽约佳士得　1999 年 9 月 16 日

　　　　　重要的中国古代家具及工艺精品　第 43 号

估　　价：USD 20,000—25,000

006

紫檀绳纹赌台

年　　代：不详

尺　　寸：高 89.5 厘米　长 89.5 厘米　宽 85 厘米

拍卖时间：南京正大拍卖　2008 年 10 月 26 日

　　　　　秋季中国古典家具专场　第 225 号

估　　价：RMB 138,000—168,000

成 交 价：151,800

007
紫檀六角桌
年　　代：清乾隆
尺　　寸：长83厘米　宽83厘米　高85.5厘米
拍卖时间：北京翰海　2004年11月22日
　　　　　秋季拍卖会　明清家具专场　第3139号
估　　价：RMB 200,000—300,000
成 交 价：RMB 440,000

008
紫檀雕西番莲方案
年　　代：清
尺　　寸：长83厘米　宽83厘米　高84厘米
拍卖时间：北京翰海　2000年7月3日
　　　　　春季拍卖会中国木器家具　第1720号
估　　价：RMB 150,000—200,000

007

008

（侧面）

009

紫檀束腰琴桌

年　　代：清乾隆

尺　　寸：高82厘米　宽129厘米　深43.5厘米

拍卖时间：中国嘉德　2004年11月6日　瓷器家具工艺品　第392号

估　　价：RMB 550,000—750,000

（局部）

010

紫檀雕花卉鱼桌

年　　代：清乾隆

尺　　寸：长 94 厘米　宽 42 厘米　高 36 厘米

拍卖时间：北京翰海　2004 年 11 月 22 日　秋季拍卖会　明清家具专场　第 3149 号

估　　价：RMB 200,000—300,000

成 交 价：RMB 682,000

011

紫檀条桌

年　　代：明

尺　　寸：高88厘米　长193厘米　宽61厘米

拍卖时间：南京正大　2006年11月26日　古典家具瓷器玉器专场　第91号

估　　价：RMB 1,800,000—3,000,000

012

紫檀花儿

年　　代：清

尺　　寸：长 51.7 厘米

拍卖时间：中国嘉德　2007 年 12 月 15 日　四季拍卖　玉器、工艺品　第 3576 号

估　　价：RMB 8,000—12,000

成 交 价：RMB 42,560

013

014

013

紫檀画案

年　　代：明

尺　　寸：高 80.5 厘米　长 155.5 厘米　宽 72.5 厘米

拍卖时间：南京正大　2006 年 11 月 26 日

　　　　　古典家具瓷器玉器专场　第 85 号

估　　价：RMB 350,000—450,000

014

紫檀插肩榫平头案

年　　代：清乾隆

尺　　寸：长 194.7 厘米　宽 42 厘米　高 38 厘米

拍卖时间：北京翰海　2004 年 11 月 22 日

　　　　　秋季拍卖会　明清家具专场　第 3108 号

估　　价：RMB 300,000—400,000

成 交 价：RMB 605,000

015

016

015

紫檀雕西番莲大平头案
年　　代：清乾隆
尺　　寸：高 91 厘米　长 259 厘米　宽 52 厘米
拍卖时间：中国嘉德　2008 年 4 月 27 日
　　　　　盛世雅集——清代宫廷紫檀家具　第 2204 号
估　　价：待询
成 交 价：RMB 31,360,000

016

紫檀邓石如题款大画案
年　　代：不详
尺　　寸：高 82 厘米　长 182.5 厘米　宽 80.5 厘米
拍卖时间：南京正大　2008 年 1 月 19 日
　　　　　迎春明清古典家具专场　第 99-3 号
估　　价：RMB 2,900,000—4,900,000
成 交 价：RMB 3,198,000

017

017

紫檀云石面香几

年　　代：清早期

尺　　寸：高82厘米　长39厘米　宽39厘米

拍卖时间：南京正大　2008年1月19日

　　　　　迎春明清古典家具专场　第1号

估　　价：RMB 98,000—128,000

成 交 价：RMB 231,000

018

紫檀小翘头案

年　　代：明

尺　　寸：高13厘米　长37厘米　宽14厘米

拍卖时间：南京正大　2008年1月19日

　　　　　迎春明清古典家具专场　第69号

估　　价：RMB 68,000—108,000

成 交 价：RMB 74,000

018

019

紫檀展腿式特高束腰雕拐子带托泥香几

年　　代：清中期

尺　　寸：长 43 厘米　宽 43 厘米　高 90 厘米

拍卖时间：中国嘉德　2008 年 4 月 27 日

　　　　　盛世雅集——清代宫廷紫檀家具　第 2202 号

估　　价：RMB 450,000—650,000

成 交 价：RMB 728,000

020

紫檀面条柜（一对）

年　　代：清代

尺　　寸：高 72 厘米　长 41 厘米　宽 22 厘米

拍卖时间：南京正大拍卖　2011 年 1 月 14 日

　　　　　中国明清古典家具专场　第 41 号

估　　价：RMB 45,000—85,000

成 交 价：RMB 904,000

019

020

021

022

021

紫檀黑漆搭链式炕桌

年　　代：清早期

尺　　寸：长 96 厘米　宽 54.5 厘米　高 38 厘米

拍卖时间：中国嘉德　2008 年 4 月 27 日

盛世雅集——清代宫廷紫檀家具　第 2212 号

估　　价：RMB 600,000—1,000,000

成 交 价：RMB 1,344,000

022

紫檀有束腰雕西番莲条桌

年　　代：清乾隆

尺　　寸：长 161 厘米　宽 48 厘米　高 90.5 厘米

拍卖时间：中国嘉德　2008 年 4 月 27 日

盛世雅集——清代宫廷紫檀家具　第 2210 号

估　　价：RMB 2,500,000—3,500,000

成 交 价：RMB 3,584,000

023

紫檀鎏金包角雕吉庆有余书案

年　　代：清乾隆

尺　　寸：高 84 厘米　长 169 厘米　宽 72 厘米

拍卖时间：北京保利　2009 年 5 月 29 日

　　　　　中国元明清宫廷艺术（古董夜场）　第 1350 号

估　　价：RMB 2,500,000—3,000,000

成 交 价：RMB 2,800,000

024

紫檀八方西番莲转桌

年　　代：清乾隆

尺　　寸：高 77 厘米　长 73 厘米　宽 73 厘米

拍卖时间：北京保利　2009 年 5 月 29 日　中国元明清宫廷艺术（古董夜场）　第 1345 号

估　　价：RMB 1,500,000—2,500,000

成 交 价：RMB 2,128,000

025

紫檀独挺柱六方桌

年　　代：清乾隆

尺　　寸：高 86.5 厘米　宽 83.5 厘米

拍卖时间：中国嘉德　2008 年 4 月 27 日　盛世雅集——清代宫廷紫檀家具　第 2207 号

估　　价：RMB 1,200,000—1,800,000

成 交 价：RMB 7,616,000

026

027

026

紫檀草龙纹琴桌

年　　代：清

尺　　寸：长120厘米　宽50厘米　高83厘米

拍卖时间：浙江钱塘　2008年6月8日

　　　　　春季艺术品拍卖会　第43号

估　　价：RMB 250,000—350,000

027

紫檀雕花香儿

年　　代：清

尺　　寸：长111厘米　宽42厘米　高84厘米

拍卖时间：浙江钱塘　2008年6月8日

　　　　　春季艺术品拍卖会　第118号

估　　价：RMB 250,000—350,000

028

029

028

紫檀卷草纹八仙桌

年　　代：清乾隆

尺　　寸：高 83.5 厘米　长 84.5 厘米　宽 84.5 厘米

拍卖时间：北京保利　2008 年 5 月 30 日

　　　　　开物——明清宫廷艺术夜场　第 2150 号

估　　价：RMB 1,500,000—2,000,000

成 交 价：RMB 1,680,000

029

紫檀嵌瘿木小长几

年　　代：清

尺　　寸：长 66 厘米　宽 31.5 厘米　高 56.5 厘米

拍卖时间：北京富彼　2008 年 12 月 10 日

　　　　　中国古代工艺品　第 1404 号

估　　价：RMB 120,000—150,000

030

紫檀双面雕吉庆有余书案

年　代：清乾隆

尺　寸：高 82.5 厘米　长 150 厘米　宽 82.5 厘米

拍卖时间：北京保利　2009 年 5 月 29 日　中国元明清宫廷艺术（古董夜场）　第 1347 号

估　价：RMB 2,800,000—3,800,000

成交价：RMB 3,696,000

031

032

031

紫檀四面卡子花双层面八仙桌

年　　代：清中期

尺　　寸：高 85 厘米　长 91 厘米　宽 91 厘米

拍卖时间：北京保利　2009 年 5 月 29 日

　　　　　中国元明清宫廷艺术（古董夜场）　第 1349 号

估　　价：RMB 300,000—500,000

成 交 价：RMB 358,400

032

紫檀圆包圆画案

年　　代：民国

尺　　寸：高 84 厘米　长 134.5 厘米　宽 80 厘米

拍卖时间：舍得（北京）　2012 年 9 月 19 日

　　　　　中国古典家具——清代、民国红木专场拍卖　第 71 号

估　　价：RMB 180,000—220,000

成 交 价：RMB 243,000

033

034

033

紫檀嵌影木小方几

年代：清

尺寸：高22厘米

拍卖时间：北京万隆　2009年6月26日

　　　　　瓷器工艺品专场　第160号

估价：RMB 20,000—30,000

034

紫檀雕拐子龙纹炕桌

年代：清早期

尺寸：长84厘米

拍卖时间：北京保利　2009年5月30日

　　　　　省吾庐清玩　第1533号

估价：RMB 100,000—150,000

成交价：RMB 123,200

035

036

035

紫檀嵌瘿木花几

年　　代：清早期

尺　　寸：长 34.8 厘米　宽 34.8 厘米　高 15.5 厘米

拍卖时间：永乐佳士得　2009 年 12 月 13 日

　　　　　明清工艺精品　第 694 号

估　　价：RMB 80,000—100,000

036

紫檀矮老圆腿桌

年　　代：清（十八世纪）

尺　　寸：高 82.3 厘米　长 105.4 厘米　宽 39.4 厘米

拍卖时间：纽约苏富比　2009 年 9 月 16 日

　　　　　赛克勒珍藏　中国古典家具地毯专场　第 1 号

估　　价：USD 50,000—70,000

成 交 价：USD 158,500

037

037

紫檀拐枨方桌

年　　代：清早期

尺　　寸：长 77 厘米　宽 77 厘米　高 79 厘米

拍卖时间：北京翰海　2009 年 11 月 10 日

　　　　　十五周年庆典拍卖会　明清家具　第 2811 号

估　　价：RMB 250,000—350,000

成 交 价：RMB 392,000

038

紫檀条桌

年　　代：清乾隆

尺　　寸：长 133.7 厘米　宽 47.5 厘米　高 84 厘米

拍卖时间：北京翰海　2009 年 11 月 10 日

　　　　　十五周年庆典拍卖会　明清家具　第 2814 号

估　　价：RMB 500,000—700,000

成 交 价：RMB 694,400

038

039

紫檀嵌大理石花儿

年　　代：清

尺　　寸：高 76.3 厘米

拍卖时间：北京保利　（第九期）2009 年 12 月 21-22
　　　　　日玉器工艺器　第 3955 号

估　　价：无底价

成 交 价：RMB 10,060

040

紫檀大画桌

年　　代：清

尺　　寸：高 84 厘米　长 176 厘米　宽 82 厘米

拍卖时间：南京正大　2010 年 1 月 17 日
　　　　　春季明清古典家具专场　第 22 号

估　　价：RMB 1,600,000—2,600,000

成 交 价：RMB 2,712,000

039

040

041

紫檀回纹炕案

年　　代：清乾隆

尺　　寸：长 90 厘米　宽 33 厘米　高 34 厘米

拍卖时间：北京翰海　2009 年 9 月 11 日　庆典拍卖 15 周年精品集　第 5 号

估　　价：RMB 600,000—800,000

成 交 价：RMB 1,176,000

042

紫檀圆包圆方桌

年　　代：清

尺　　寸：高82厘米　长70厘米　宽70厘米

拍卖时间：南京正大　2010年5月23日　春季明清古典家具专场　第45号

估　　价：RMB 125,000—195,000

成 交 价：RMB 179,000

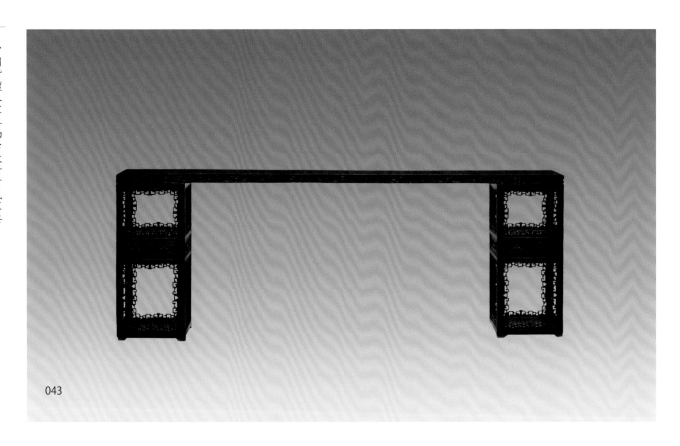

043

044

043

紫檀云蝠纹架几案

年　　代：清中期

尺　　寸：高 83.5 厘米　长 228 厘米　宽 35.5 厘米

拍卖时间：北京保利　2010 年 6 月 5 日

　　　　　中国古董珍玩　第 5362 号

估　　价：RMB 500,000—800,000

成 交 价：RMB 560,000

044

紫檀六抽屉画桌

年　　代：清乾隆

尺　　寸：长 185 厘米　宽 80 厘米　高 86 厘米

拍卖时间：浙江佳宝　2010 年 6 月 6 日

　　　　　宫廷典藏家具拍卖专场　第 82 号

估　　价：RMB 5,000,000—7,000,000

成 交 价：RMB 5,600,000

045

046

045

紫檀嵌瘿木香几

年　　代：清

尺　　寸：长 29 厘米　高 16 厘米

拍卖时间：西泠印社　2010 年 7 月 6 日

　　　　　文房清玩·首届香具、茶具专场　第 2619 号

估　　价：RMB 20,000—35,000

成 交 价：RMB 89,600

046

紫檀香几

年　　代：清

尺　　寸：长 31.5 厘米　宽 31.5 厘米　高 9 厘米

拍卖时间：西泠印社　2010 年 7 月 6 日

　　　　　文房清玩·首届香具、茶具专场　第 2615 号

估　　价：RMB 30,000—35,000

成 交 价：RMB 33,600

（侧面）

047

紫檀回纹螭龙大画桌

年　　代：清乾隆

尺　　寸：长 182 厘米　宽 80 厘米　高 83 厘米

拍卖时间：上海新华　2010 年 9 月 5 日　明清宫廷器及经典古玩　第 908 号

估　　价：RMB 4,500,000—6,000,000

成 交 价：RMB 5,040,000

048

紫檀雕缠枝莲六角桌（六凳一桌）

年　　代：清

尺　　寸：桌高 78 厘米　直径 107.52 厘米

　　　　　凳高 45 厘米　直径 39 厘米

拍卖时间：南京正大　2010 年 9 月 26 日　春季明清古典家具专场　第 34 号

估　　价：RMB 2,680,000—3,680,000

成 交 价：RMB 3,416,000

049

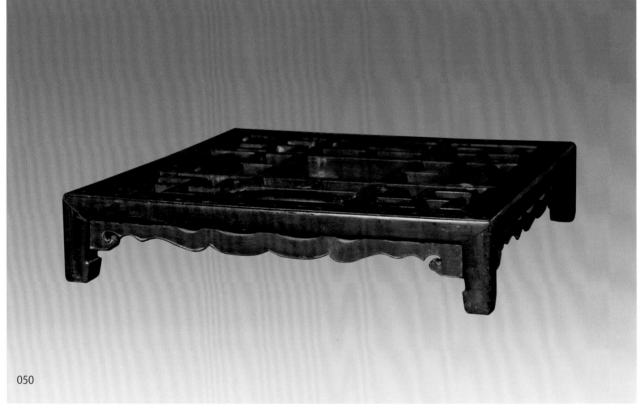

050

049

紫檀嵌瘿子面花几

年　　代：清乾隆

尺　　寸：直径 35 厘米

拍卖时间：北京荣宝斋　2010 年 11 月 14 日

　　　　　古董文玩专场　第 1122 号

估　　价：RMB 45,000—65,000

成 交 价：RMB 50,400

050

紫檀贴皮四方脚踏

年　　代：清中期

尺　　寸：长 73 厘米　宽 73 厘米　高 15 厘米

拍卖时间：歌德　2010 年 11 月 19 日

　　　　　文房清供第 946 号

估　　价：RMB 120,000—150,000

成 交 价：RMB 134,400

051

052

051

紫檀翘头案

年　　代：清早期

尺　　寸：长 140 厘米　宽 37 厘米　高 84 厘米

拍卖时间：歌德　2010 年 11 月 19 日

　　　　　文房清供第 923 号

估　　价：RMB 800,000—1,200,000

成 交 价：RMB 896,000

052

紫檀条案

年　　代：清早期

尺　　寸：高 82 厘米　长 101.5 厘米　宽 36.5 厘米

拍卖时间：北京保利（5 周年）　2010 年 12 月 6 日

　　　　　"清斋"藏茗壶雅玩　第 4818 号

估　　价：RMB 400,000—600,000

成 交 价：RMB 1,008,000

053

紫檀方桌式活面棋桌

年　　代：清早期

尺　　寸：高 88 厘米　长 90 厘米　宽 90 厘米

拍卖时间：北京保利（5 周年）　2010 年 12 月 6 日　"在望山庄" 徐氏珍藏　第 4473 号

估　　价：RMB 2,500,000—3,500,000

成 交 价：RMB 5,040,000

054

紫檀龙纹餐桌（一桌四凳）

年　　代：民国

尺　　寸：桌 长 88 厘米　宽 88 厘米　高 80 厘米

　　　　　凳 长 36 厘米　宽 36 厘米　高 43 厘米

拍卖时间：南京正大拍卖　2011 年 4 月 23 日　第十四届明清古典家具专场　第 3293 号

估　　价：RMB 280,000—580,000

055

056

055
紫檀佛龛
年　　代：清
尺　　寸：高 47 厘米　长 37 厘米　宽 17 厘米
拍卖时间：南京正大　2010 年 12 月 12 日
　　　　　秋季宫廷御制古典家具专场　第 30 号
估　　价：RMB 780,000—1,980,000
成 交 价：RMB 784，000

056
紫檀卷叶纹半桌
年　　代：清乾隆
尺　　寸：高 84.5 厘米　长 116 厘米　宽 40 厘米
拍卖时间：南京正大　2010 年 12 月 12 日
　　　　　秋季宫廷御制古典家具专场　第 27 号
估　　价：RMB 2,900,000—5,900,000
成 交 价：RMB 3,864,000

057

058

057

紫檀雕夔龙纹大画桌

年　　代：清乾隆

尺　　寸：高90厘米　长225厘米　宽70.5厘米

拍卖时间：南京正大　2010年12月12日

　　　　　秋季宫廷御制古典家具专场　第24号

估　　价：待询

成 交 价：RMB 23,520,000

058

紫檀平头案

年　　代：清

尺　　寸：长171厘米　宽43厘米　高86厘米

拍卖时间：舍得　2010年12月16日

　　　　　中国明清家具专场拍卖会　第58号

估　　价：RMB 450,000—500,000

059

060

059

紫檀翘头案

年　　代：清乾隆

尺　　寸：长 119.5 厘米　宽 35.5 厘米　高 86.5 厘米

拍卖时间：舍得　2010 年 12 月 16 日

　　　　　中国明清家具专场拍卖会　第 50 号

估　　价：RMB 250,000—280,000

060

紫檀书桌

年　　代：清

尺　　寸：长 126 厘米　宽 55 厘米　高 81 厘米

拍卖时间：舍得　2010 年 12 月 16 日

　　　　　中国明清家具专场拍卖会　第 20 号

估　　价：RMB 80,000—100,000

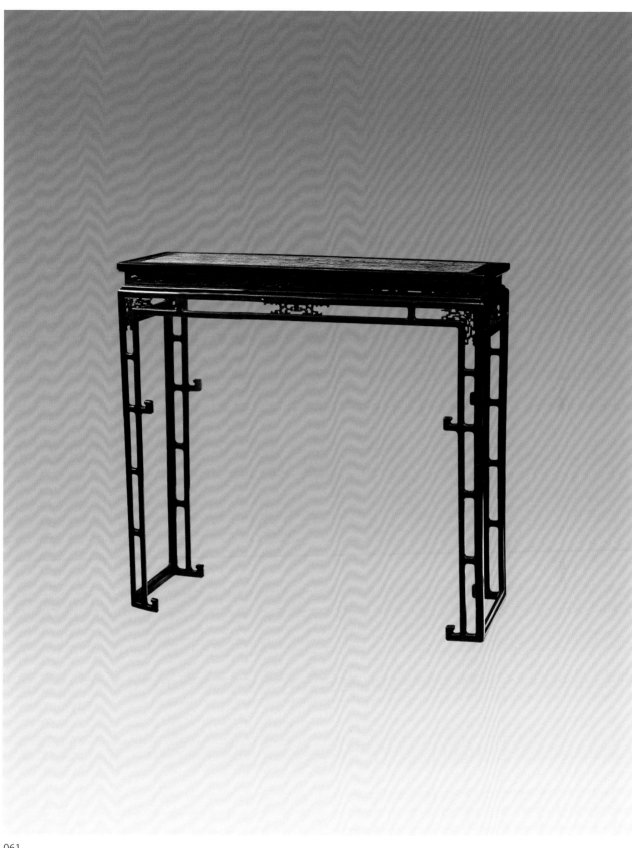

061

紫檀镶漆面条桌（一对）

年　　代：清雍正

尺　　寸：高 81 厘米　宽 88.8 厘米　深 34.3 厘米

拍卖时间：香港佳士得　2011 年 6 月 1 日　中国宫廷御制艺术精品　第 3604 号

估　　价：HKD 6,000,000—8,000,000

成 交 价：HKD 9,844,000

062

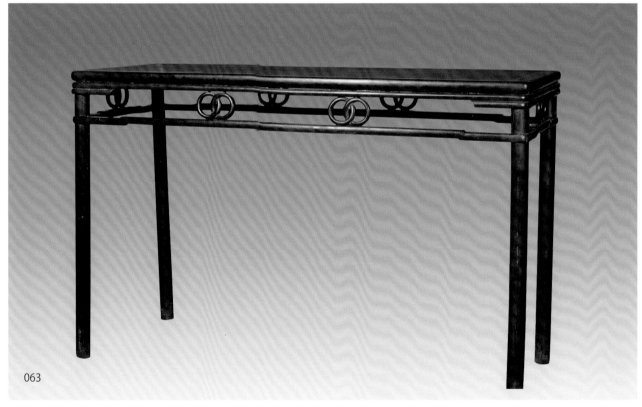

063

062
紫檀下卷琴桌
年　　代：清
尺　　寸：长 48 厘米　宽 62 厘米　高 97 厘米
拍卖时间：舍得拍卖　2011 年 4 月 17 日
　　　　　中国明清黄花梨、紫檀家具专场拍卖会　第 3 号
估　　价：RMB 560,000—800,000
成 交 价：RMB 550,000

063
紫檀双环卡子花画案
年　　代：清
尺　　寸：高 83.4 厘米　长 134.8 厘米　宽 49.5 厘米
拍卖时间：舍得拍卖　2011 年 4 月 17 日
　　　　　中国明清黄花梨、紫檀家具专场拍卖会　第 28 号
估　　价：RMB 280,000—420,000
成 交 价：RMB 280,000

064

065

064

紫檀展腿式琴桌

年　　代：清

尺　　寸：长 91 厘米　宽 36 厘米　高 81 厘米

拍卖时间：舍得拍卖　2011 年 4 月 17 日

　　　　　中国明清黄花梨、紫檀家具专场拍卖会　第 7 号

估　　价：RMB 150,000—250,000

成 交 价：RMB 290,000

065

紫檀圆包圆书桌

年　　代：清

尺　　寸：高 88.5 厘米　长 113 厘米　宽 66 厘米

拍卖时间：南京正大　2011 年 4 月 23 日

　　　　　春季明清古典家具专场　第 21 号

估　　价：RMB 560,000—860,000

成 交 价：RMB 649,600

066

067

066

紫檀束腰雕螭龙方书桌

年　　代：清

尺　　寸：高 81.1 厘米　长 93 厘米　宽 93 厘米

拍卖时间：南京正大　2011 年 4 月 23 日

　　　　　春季明清古典家具专场　第 53 号

估　　价：RMB 680,000—1,680,000

成 交 价：RMB 873,600

067

紫檀大画桌

年　　代：清

尺　　寸：高 81 厘米　长 178.5 厘米　宽 72.5 厘米

拍卖时间：南京正大　2011 年 4 月 23 日

　　　　　春季明清古典家具专场　第 31 号

估　　价：RMB 980,000—1,980,000

成 交 价：RMB 1,120,000

068

069

068
紫檀双龙戏珠纹大书桌
年　　代：民国
尺　　寸：长185厘米　宽74.5厘米　高85.5厘米
拍卖时间：南京正大拍卖　2011年4月23日
　　　　　第十四届中国明清古典家具专场　第56号
估　　价：RMB 80,000—1,600,000

069
紫檀嵌瘿木独板书桌
年　　代：明
尺　　寸：长168厘米　宽51厘米　高83厘米
拍卖时间：江苏万达国际　2011年5月29日
　　　　　明韵清风雅致天成——明清及部分海外
　　　　　回流家具专场　第1282号
估　　价：RMB 1,200,000—1,500,000
成交价：RMB 1,344,000

070

071

070

紫檀炕桌

年　　代：清乾隆

尺　　寸：长 69 厘米

拍卖时间：北京保利（第十四期）　2011 年 4 月 16 日

　　　　　京华余晖——清宫木器杂项　第 446 号

估　　价：无底价

成 交 价：RMB 402,000

071

紫檀夹头榫酒桌

年　　代：明

尺　　寸：高 81.5 厘米　长 78 厘米　宽 32 厘米

拍卖时间：北京保利　2011 年 6 月 6 日

　　　　　中国古典家具夜场　第 8867 号

估　　价：RMB 350,000—550,000

成 交 价：RMB 552,000

（局部）

072

紫檀石面小儿

年　　代：清

尺　　寸：高 19 厘米　长 38 厘米　宽 23 厘米

拍卖时间：中国嘉德四季　2011 年 6 月 20 日　佳器遗构——明清家具构件及古典家具专场　第 5329 号

估　　价：RMB 100,000—150,000

成 交 价：RMB 115,000

073

紫檀花儿

年　　代：清

尺　　寸：高 82 厘米

拍卖时间：太平洋　2011 年 6 月 18 日

　　　　　　珍・雅趣——重要杂项工艺品专场　第 298 号

估　　价：RMB 5,000

成 交 价：RMB 20,160

074

紫檀花儿（一对）

年　　代：民国

尺　　寸：长 42 厘米　宽 42 厘米　高 92 厘米

拍卖时间：南京正大拍卖　2011 年 4 月 23 日

　　　　　　第十四届中国明清古典家具专场　第 48 号

估　　价：RMB 480,000—680,000

成 交 价：RMB 627,200

073

074

075

紫檀雕如意夔龙纹香几

年　　代：清乾隆

尺　　寸：高 90 厘米

拍卖时间：北京匡时　2011 年 6 月 8 日

　　　　　清代宫廷紫檀家具专场　第 2381 号

估　　价：RMB 1,800,000—2,200,000

成 交 价：RMB 2,760,000

076

紫檀罗锅枨画桌

年　　代：明

尺　　寸：高 83 厘米　长 154 厘米　宽 71 厘米

拍卖时间：北京保利　2011 年 6 月 6 日中国古典家

　　　　　具夜场　第 8888 号

估　　价：RMB 2,800,000—3,800,000

成 交 价：RMB 3,220,000

075

076

紫檀雕如意夔龙纹香几

077

078

077

紫檀嵌端石小儿

年　　代：清

尺　　寸：长 38.5 厘米　宽 30 厘米　高 20.2 厘米

拍卖时间：舍得　2011 年 9 月 25 日

　　　　　中国古典家具黄花梨、紫檀专场拍卖会　第 39 号

估　　价：RMB 40,000—60,000

078

紫檀雕西番莲条案

年　　代：明

尺　　寸：长 127 厘米　宽 32 厘米　高 87 厘米

拍卖时间：舍得　2011 年 9 月 25 日

　　　　　中国古典家具黄花梨、紫檀专场拍卖会　第 16 号

估　　价：RMB 250,000—300,000

079

080

079

紫檀龙纹御案
年　　代：乾隆
尺　　寸：长 167 厘米　宽 72.5 厘米　高 86.5 厘米
拍卖时间：中国嘉德　2011 年 11 月 12 日　第 2940 号
估　　价：待询
成 交 价：RMB 55,200,000

080

紫檀花几（一对）
年　　代：清
尺　　寸：高 85.5 厘米
拍卖时间：北京保利（第十六期）　2011 年 10 月 22 日
　　　　　异趣交融——中西古典家具　第 518 号
估　　价：无底价
成 交 价：RMB 126,500

081

082

081
紫檀高花儿（一对）
年　　代：民国
尺　　寸：长 35 厘米　宽 35 厘米　高 120 厘米
拍卖时间：南京正大拍卖　2011 年 4 月 23 日
　　　　　第十四届中国明清古典家具专场　第 47 号
估　　价：RMB 88,000—180,000

082
紫檀方桌
年　　代：清乾隆
尺　　寸：高 87 厘米　长 100 厘米　宽 100 厘米
拍卖时间：北京保利　2012 年 6 月 7 日
　　　　　中国古董珍玩　第 8188 号
估　　价：RMB 500,000—800,000
成 交 价：RMB 782,000

083

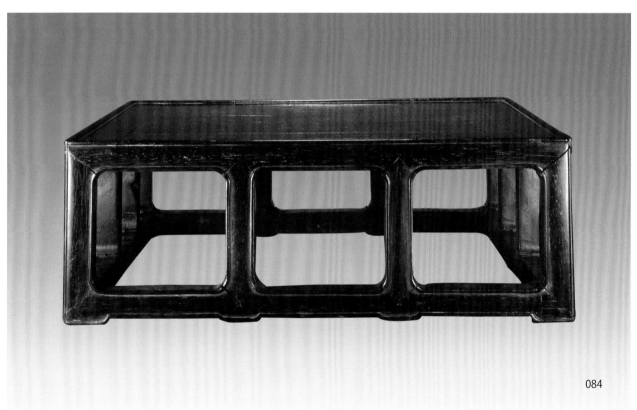

084

083
紫檀嵌瘿子木如意纹香几
年　　代：清乾隆
尺　　寸：径 38.5 厘米
拍卖时间：北京保利　2012 年 6 月 7 日
　　　　　中国古董珍玩第 8189 号
估　　价：RMB 500,000—800,000
成 交 价：RMB 575,000

084
紫檀嵌黄花梨方几
年　　代：清中期
尺　　寸：高 17 厘米　长 46 厘米　宽 46 厘米
拍卖时间：北京保利　2012 年 6 月 7 日
　　　　　中国古董珍玩第 8192 号
估　　价：RMB 140,000—160,000

085

086

085

紫檀圆包圆书桌

年　　代：清

尺　　寸：高 88.5 厘米，长 113 厘米，宽 66 厘米

拍卖时间：南京正大拍卖 2011 年 4 月 23 日

　　　　　第十四届中国明清古典家具拍卖专场　第 21 号

估　　价：RMB　560,000—860,000

成交价：RMB　649,600

086

紫檀嵌绿端面方桌

年　　代：清

尺　　寸：高 83 厘米，长 73 厘米，宽 73 厘米

拍卖时间：舍得（北京）2012 年 6 月 17 日

　　　　　明清黄花梨、红木专场拍卖第 10 号

估　　价：RMB　120,000—160,000

成交价：RMB　210,000

087

088

087

紫檀卡子花条桌

年　　代：清

尺　　寸：高 88 厘米　长 142 厘米　宽 42 厘米

拍卖时间：舍得（北京）　2012 年 6 月 17 日

　　　　　明清黄花梨、红木专场拍卖　第 24 号

估　　价：RMB 180,000—220,000

088

紫檀雕云纹下卷琴桌

年　　代：清

尺　　寸：高 80 厘米　长 119 厘米　宽 38 厘米

拍卖时间：舍得（北京）　2012 年 6 月 17 日

　　　　　明清黄花梨、红木专场拍卖　第 31 号

估　　价：RMB 120,000—160,000

089

090

089

紫檀嵌大理石明式案

年　　代：清

尺　　寸：长 201 厘米　宽 79 厘米　高 83 厘米

拍卖时间：北京翰海　2012 年 6 月 29 日

　　　　　四季拍卖古董珍玩（一）家具、杂项专场　第 1085 号

估　　价：RMB 70,000

成 交 价：RMB 82,800

090

紫檀嵌黄花梨长方几

年　　代：清

尺　　寸：长 56 厘米　宽 28 厘米　高 11 厘米

拍卖时间：2012 年 8 月 4 日新海上雅集

　　　　　2012 年大型艺术品拍卖会——皇室长物　第 424 号

估　　价：RMB 100,000

091

092

091

宫廷御用紫檀雕西番莲大香几

年　　代：清乾隆

尺　　寸：宽 57.5 厘米　高 76 厘米

拍卖时间：2012 年 8 月 4 日新海上雅集

　　　　　2012 年大型艺术品拍卖会——皇室长物　第 459 号

估　　价：RMB 1,000,000

092

紫檀雕西香莲暗八仙炕几

年　　代：清乾隆

尺　　寸：长 68 厘米　宽 43.5 厘米　高 32 厘米

拍卖时间：2012 年 8 月 4 日新海上雅集

　　　　　2012 年大型艺术品拍卖会——皇室长物　第 425 号

估　　价：RMB 300,000

093
宫廷御用紫檀雕瑞兽龙纹六方几
年　　代：清乾隆
尺　　寸：宽 32 厘米　高 16.5 厘米
拍卖时间：2012 年 8 月 4 日新海上雅集
　　　　　2012 年大型艺术品拍卖会——皇室长物　第 458 号
估　　价：RMB 650,000

094
紫檀嵌大理石面方几、紫檀提盒各一
年　　代：清（十九世纪）
尺　　寸：方几：高 21.9 厘米
　　　　　提盒：高 15.8 厘米　宽 19.8 厘米　深 13 厘米
拍卖时间：纽约佳士得　2012 年 9 月 14 日　中国重要瓷器及工艺品（二）　第 1366 号
估　　价：USD 6,000—8,000
成 交 价：USD 13,750

095

096

095

紫檀雕螭纹半桌

年　　代：民国

尺　　寸：高 81 厘米　长 92 厘米　宽 37 厘米

拍卖时间：舍得（北京）　2012 年 9 月 19 日

　　　　　中国古典家具——清代、民国红木专场拍卖　第 27 号

估　　价：RMB 80,000—120,000

096

紫檀下卷矮琴桌

年　　代：清晚期

尺　　寸：高 46 厘米　长 135 厘米　宽 35 厘米

拍卖时间：舍得（北京）　2012 年 9 月 19 日

　　　　　中国古典家具——清代、民国红木专场拍卖　第 49 号

估　　价：RMB 120,000—160,000

成　交　价：RMB 190,000

097

098

097

紫檀满工画案

年　　代：民国

尺　　寸：高 82 厘米　长 150 厘米　宽 60 厘米

拍卖时间：舍得（北京）　2012 年 9 月 19 日

　　　　　中国古典家具——清代、民国红木专场拍卖　第 63 号

估　　价：RMB 180,000—220,000

成 交 价：RMB 171,000

098

紫檀雕龙纹翘头案

年　　代：民国

尺　　寸：高 89 厘米　长 176 厘米　宽 40 厘米

拍卖时间：舍得（北京）　2012 年 9 月 19 日

　　　　　中国古典家具——清代、民国红木专场拍卖　第 64 号

估　　价：RMB 160,000—200,000

099

紫檀嵌冰梅纹炕桌

年　　代：清乾隆

尺　　寸：高 42 厘米　长 96 厘米　宽 42 厘米

拍卖时间：北京保利　2012 年 12 月 6 日　中国古典家具　第 7132 号

估　　价：RMB 6,000,000—8,000,000

成 交 价：RMB 6,842,500

100

紫檀有束腰板足螭龙纹条桌（一对）

年　　代: 明末清初

尺　　寸: 高 85 厘米　长 112 厘米　宽 33.5 厘米

拍卖时间: 中国嘉德（香港）　2012 年 10 月 7 日　观华——明清古典家具及庭院陈设精品　第 362 号

估　　价: HKD 3,600,000—5,800,000

成 交 价: HKD 4,830,000

101

紫檀嵌掐丝珐琅西番莲纹画桌

年　　代：清乾隆

尺　　寸：高 90 厘米　长 168 厘米　宽 64 厘米

拍卖时间：中国嘉德　2012 年 10 月 29 日　澄怀观物——明清古典家具　第 3909 号

估　　价：RMB 6,000,000—9,000,000

成 交 价：RMB 6,900,000

102

紫檀嵌黄花梨马蹄腿直枨带卡子花画案

年　　代：清早期

尺　　寸：高 89.4 厘米　长 172.7 厘米　宽 67.5 厘米

拍卖时间：中国嘉德　2012 年 10 月 29 日　澄怀观物——明清古典家具　第 3903 号

估　　价：RMB 4,300,000—6,000,000

成 交 价：RMB 4,945,000

注：中国嘉德 1995 年 10 月 9 日　清水山房藏明清家具第 825 号拍品

103

104

103

紫檀嵌鸡翅木仿竹圆包圆带矮老条桌

年　　代：清早期

尺　　寸：高 87 厘米　长 174 厘米　宽 47 厘米

拍卖时间：中国嘉德（香港）　2012 年 10 月 7 日

　　　　　观华——明清古典家具及庭院陈设精品　第 364 号

估　　价：HKD 1,200,000—2,800,000

成 交 价：HKD 1,610,000

104

紫檀有束腰直枨加矮老书桌

年　　代：明末清初

尺　　寸：高 87 厘米　长 195 厘米　宽 59 厘米

拍卖时间：中国嘉德（香港）　2012 年 10 月 7 日

　　　　　观华——明清古典家具及庭院陈设精品　第 383 号

估　　价：HKD 1,400,000—2,800,000

成 交 价：HKD 4,370,000

105

106

105
紫檀巴洛克风格西番莲香几
年　代：清乾隆
尺　寸：长 57.5 厘米　宽 57.5 厘米　高 75.5 厘米
拍卖时间：北京保利　2012 年 12 月 5 日
　　　　　乾隆御制翡翠雕辟邪水丞——
　　　　　宫廷艺术与重要瓷器工艺品　第 5786 号
估　价：RMB 1,500,000—2,500,000
成 交 价：RMB 1,955,000

106
紫檀四面平桌
年　代：不详
尺　寸：高 85.6 厘米　宽 106.6 厘米　深 53.2 厘米
拍卖时间：香港佳士得　2012 年 11 月 28 日
　　　　　精凝简练——美国私人收藏家珍藏中国家具　第 2040 号
估　价：HKD 2,400,000—4,000,000
成 交 价：HKD 2,900,000

107

紫檀雕如意纹画案

年　　代：民国

尺　　寸：高 82 厘米　长 167.5 厘米　宽 67.5 厘米

拍卖时间：舍得（北京）　2012 年 9 月 19 日

　　　　　中国古典家具——清代、民国红木专场拍卖　第 66 号

估　　价：RMB 160,000—200,000

贮藏

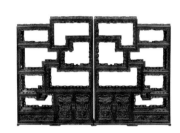

中国古代紫檀木家具
拍卖投资考成汇典

ZHONG GU GU DAI ZI TAN MU
JIA JU PAI MAI TOU ZI KAO CHENG
HUI DIAN

001

紫檀雕吉庆有余纹亮格柜（一对）

年　　代：清

尺　　寸：高192厘米　宽109厘米　深35厘米

拍卖时间：中国嘉德　1996年4月20日　春季拍卖会瓷器、玉器、鼻烟壶、工艺品专场　第924号

估　　价：RMB 250,000—350,000

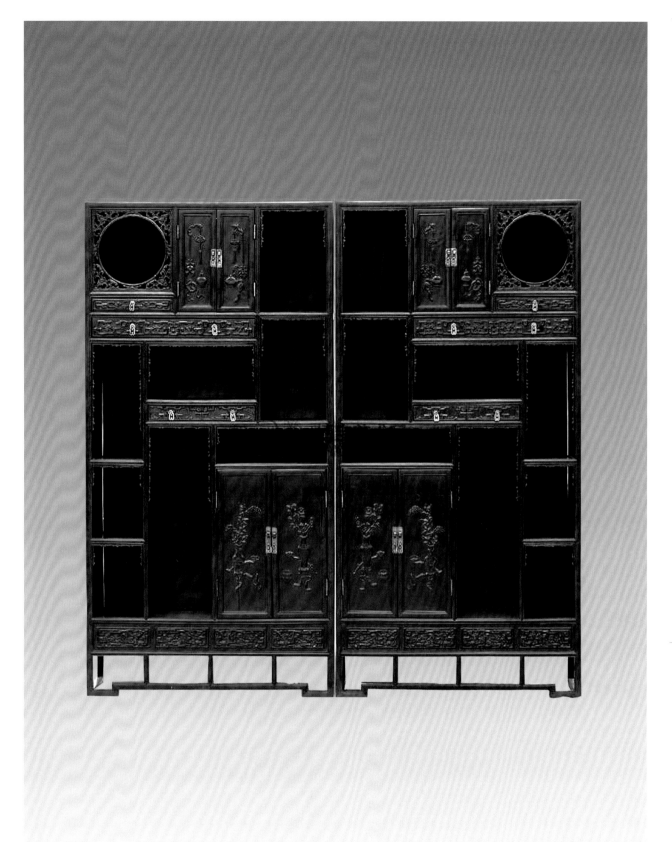

002

紫檀博古纹多宝格（一对）

年　　代：清中期

尺　　寸：高 222 厘米　长 113.5 厘米　宽 44 厘米

拍卖时间：北京保利　2010 年 6 月 5 日　中国古董珍玩　第 5363 号

估　　价：RMB 1,600,000—2,600,000

成 交 价：RMB 1,792,000

一二○

003

紫檀雕西番莲纹顶箱柜（一对）

年　　代：清中期

尺　　寸：长 116 厘米　宽 51.5 厘米　高 226 厘米

拍卖时间：中国嘉德　1999 年 10 月 27 日　秋季拍卖会古典家具　第 1158 号

估　　价：RMB 800,000—1,000,000

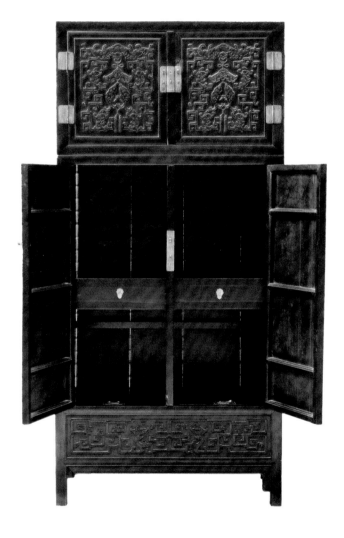

004

紫檀福庆有余四件柜

年　　代：清乾隆

尺　　寸：高 210 厘米　宽 101 厘米　深 56 厘米

拍卖时间：中国嘉德　2004 年 11 月 6 日　瓷器家具工艺品　第 393 号

估　　价：RMB 3,000,000—5,000,000

005

紫檀嵌影木刻竹柜

年　　代：明晚期

尺　　寸：高 64 厘米　长 38 厘米　宽 19.8 厘米

拍卖时间：南京正大　2006 年 11 月 26 日　古典家具瓷器玉器专场　第 63 号

估　　价：RMB 158,000—258,000

006

紫檀镶骨雕描金顶箱柜

年　　代：清中期

尺　　寸：高 74 厘米　长 43 厘米　宽 18.5 厘米

拍卖时间：南京正大　2008 年 1 月 19 日　迎春明清古典家具专场　第 33 号

估　　价：RMB 230,000—390,000

成 交 价：RMB 253,000

007

紫檀百棂门框格柜（一对）

年　　代：清初

尺　　寸：高142.5厘米　长70厘米　宽36.5厘米

拍卖时间：2006年6月21日

估　　价：RMB 150,000-200,000

008

紫檀小柜（一对）

年　　代：清

尺　　寸：高55厘米　长18厘米　宽12.5厘米

拍卖时间：浙江钱塘　2008年6月8日　春季艺术品拍卖会　第159号

估　　价：RMB 30,000—40,000

009

紫檀素面大柜

年　　代：明

尺　　寸：高 187.5 厘米　长 119 厘米　宽 63 厘米

拍卖时间：北京保利　2009 年 5 月 29 日　中国元明清宫廷艺术（古董夜场）　第 1348 号

估　　价：RMB 2,000,000—3,000,000

成 交 价：RMB 2,240,000

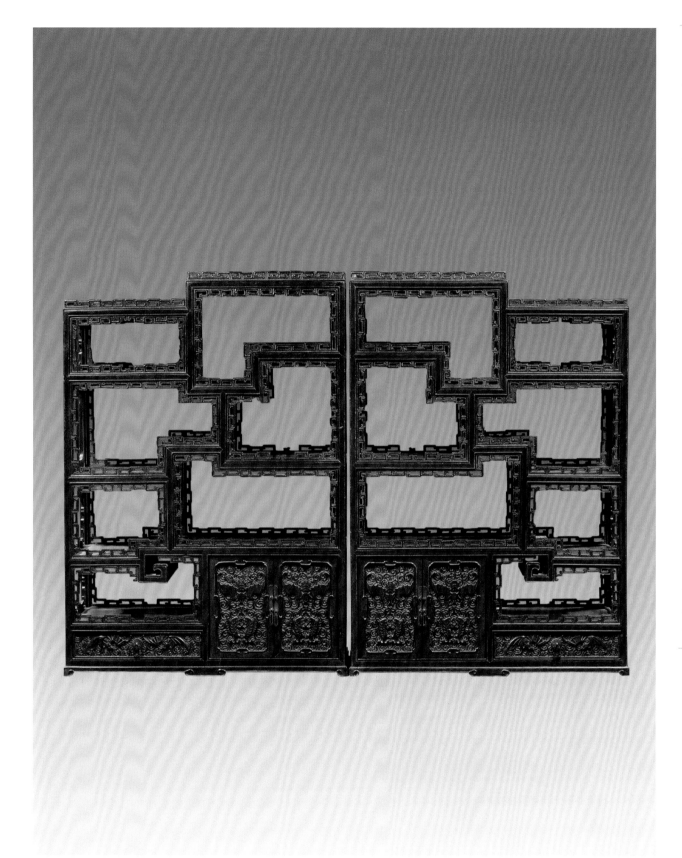

010

紫檀雕云蝠多宝格（二件）

年　　代：清

尺　　寸：长 58 厘米　宽 24.8 厘米　高 80.8 厘米

拍卖时间：北京翰海　2009 年 11 月 10 日　十五周年庆典拍卖会明清家具　第 2823 号

估　　价：RMB 380,000—400,000

成 交 价：RMB 504,000

011

012

013

011
紫檀帽冠架
年　代：清乾隆
尺　寸：高 39 厘米
拍卖时间：福建省拍卖行厦门唐颂 2010 年 6 月 21 日
　　　　　古董珍玩专场　第 314 号
估　价：RMB 400,000—600,000

012
紫檀雕凤巾架
年　代：清
尺　寸：高 160 厘米，长 72 厘米，宽 40 厘米
拍卖时间：南京正大　2010 年 12 月 12 日
　　　　　秋季宫廷御制古典家具专场　第 55 号
估　价：RMB 38,000—980,000
成交价：RMB 425,000

013
紫檀刻花卉磬架
年　代：清乾隆
尺　寸：高 69 厘米
拍卖时间：北京保利（第十二期）　2010 年 10 月 24 日
　　　　　京华余晖——清宫木器杂项　第 1467 号
成交价：RMB 358,400

014

015

016

014

紫檀雕云龙纹官皮箱

年　　代：清（十八世纪）

尺　　寸：高 45.7 厘米　长 36.8 厘米　宽 27.3 厘米

拍卖时间：纽约苏富比　1999 年 3 月 23 日

　　　　　重要的中国古典家具专场　第 52 号

估　　价：USS 25,000—35,000

015

紫檀雕花牙板灯架（一对）

年　　代：清（十八世纪）

尺　　寸：高 166.4 厘米

拍卖时间：纽约苏富比　1999 年 3 月 23 日

　　　　　重要的中国古典家具专场　第 37 号

估　　价：USD 2000—30,000

016

紫檀黄花梨夔龙纹座架

年　　代：清（十八世纪至十九世纪）

尺　　寸：高 36.5 厘米

拍卖时间：伦敦苏富比　2011 年 5 月 11 日

　　　　　中国瓷器及工艺品　第 103 号

估　　价：GBP 6,000—8,000

成　交　价：GBP 25,000

一三〇

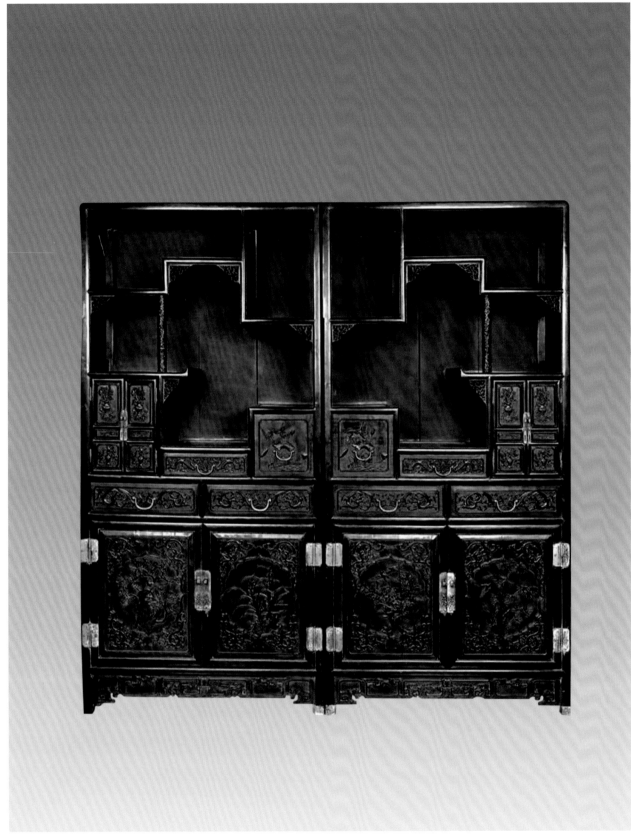

017
紫檀香草龙花卉博古图柜（一对）
年　　代：清中期
尺　　寸：长90厘米，宽38厘米，高180厘米
拍卖时间：上海新华 2010 年 9 月 5 日 明清宫廷器及经典古玩第 909 号
估　　价：RMB　2 800 000—3 800 000
成 交 价：RMB　3 136 000

018

紫檀描金博古图书柜（一对）

年　　代：清乾隆

尺　　寸：高 218.3 厘米　长 121.5 厘米　宽 47.3 厘米

拍卖时间：舍得拍卖　2011 年 4 月 17 日　中国明清黄花梨、紫檀家具专场拍卖会　第 46 号

估　　价：RMB 2,800,000—4,000,000

019

紫檀带座画柜

年　　代：清

尺　　寸：高 192 厘米　长 113 厘米　宽 62 厘米

拍卖时间：舍得拍卖　2011 年 4 月 17 日　中国明清黄花梨、紫檀家具专场拍卖会　第 48 号

估　　价：RMB 2,600,000—3,800,000

成 交 价：RMB 2,400,000

020

紫檀嵌玉雕喜上梅梢帽架（一对）

年　　代：清

尺　　寸：高 32 厘米

拍卖时间：东京中央　2012 年 2 月 23 日　古董珍藏第 1929 号

估　　价：JPY 1,500,000—2,500,000

021

紫檀嵌玉嵌鸡翅木雕龙纹小柜

年　　代：清乾隆

尺　　寸：高 83 厘米　长 62 厘米　宽 30 厘米

拍卖时间：北京保利　2011 年 6 月 5 日　宫廷艺术与重要瓷器工艺品　第 7212 号

估　　价：RMB 12,200,000—3,200,000

成 交 价：RMB 2,530,000

側面

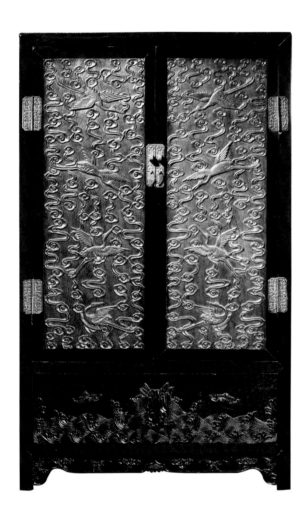

022

御制紫檀楠木仙鹤灵芝云纹炕柜（一对）

年　　代：清乾隆

尺　　寸：长50厘米　宽27厘米　高81.5厘米

拍卖时间：北京匡时　2011年6月8日　清代宫廷紫檀家具专场　第2385号

估　　价：RMB 8,000,000—12,000,000

成 交 价：RMB 13,800,000

023

紫檀雕吉庆有余描金山水人物多宝格（一对）

年　　代：清乾隆

尺　　寸：高198厘米　长111厘米　宽42.9厘米

拍卖时间：北京保利　2012年6月5日　宫廷艺术与重要瓷器工艺品　第6248号

估　　价：RMB 1,500,000—2,500,000

成 交 价：RMB 1,725,000

024

紫檀风巾架

年　　代：清末

尺　　寸：长 71.7 厘米　宽 40 厘米　高 161 厘米

拍卖时间：舍得　2011 年 9 月 25 日　中国古典家具黄花梨、紫檀专场拍卖会　第 83 号

估　　价：RMB 180,000—250,000

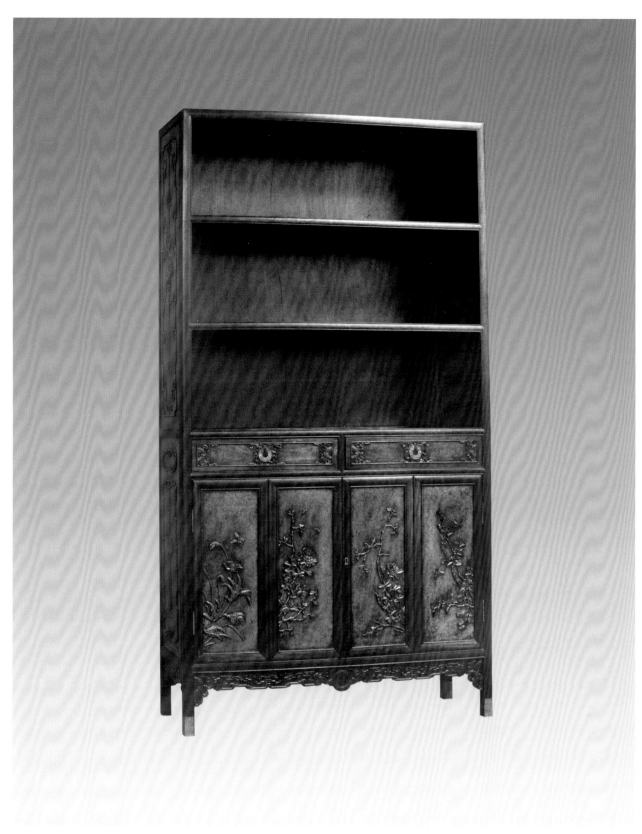

025

紫檀嵌楠木御题诗柜格

年　　代：清乾隆

尺　　寸：高 193 厘米　长 106 厘米　宽 35.5 厘米

拍卖时间：香港佳士得　2011 年 11 月 30 日　重要中国瓷器及工艺品精品（II）　第 3084 号

估　　价：HKD 12,000,000—15,000,000

成 交 价：HKD 11,860,000

026

紫檀螭龙纹多宝阁（一对）

年　　代：清乾隆

尺　　寸：高155厘米　长118.5厘米　宽49厘米

拍卖时间：中国嘉德（香港）　2012年10月7日　观华——明清古典家具及庭院陈设精品　第378号

估　　价：HKD 6,000,000—9,000,000

成 交 价：HKD 6,900,000

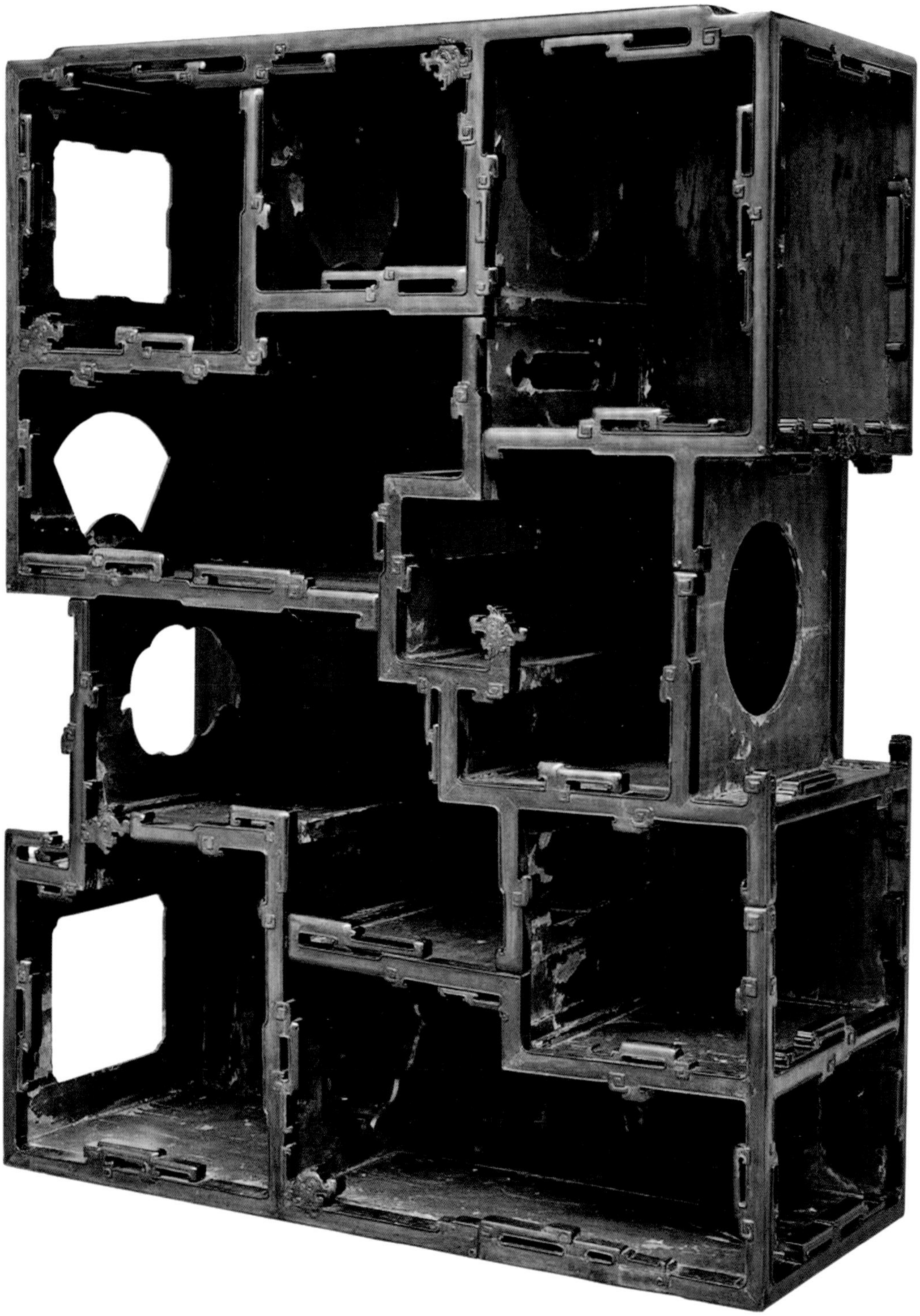

027

027

紫檀六足折叠式面盆架

年　　代：清初

尺　　寸：高 77.4 厘米　直径 41.8 厘米

拍卖时间：香港佳士得　2012 年 11 月 28 日

　　　　　　精凝简练——美国私人收藏家珍藏中国家具　第 2049 号

估　　价：HKD 500,000—700,000

028

紫檀雕龙纹小柜

年　　代：民国

尺　　寸：高 48.5 厘米

拍卖时间：太平洋　2011 年 6 月 18 日

　　　　　　珍·雅趣——重要杂项工艺品专场　第 301 号

估　　价：RMB 5,000

成 交 价：RMB 50,400

028

029

黄花梨亮格书架

年　　代：明末清初

尺　　寸：高 132 厘米　长 76 厘米　宽 39 厘米

拍卖时间：北京保利　2012 年 6 月 5 日

　　　　　宫廷艺术与重要瓷器工艺品　第 6253 号

估　　价：RMB 2,000,000—3,000,000

030

紫檀嵌百宝山水纹多宝格

年　　代：清康熙

尺　　寸：长 46 厘米　宽 25 厘米　高 63.5 厘米

拍卖时间：北京匡时　2011 年 6 月 8 日

　　　　　清代宫廷紫檀家具专场　第 2386 号

估　　价：RMB 650,000,000—750,000,000

成 交 价：RMB 678,500,000

029

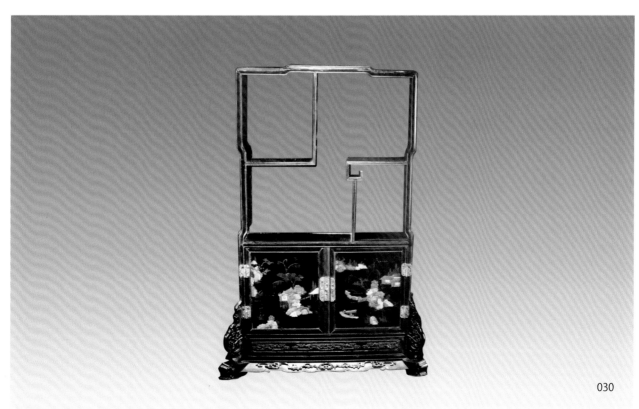

030

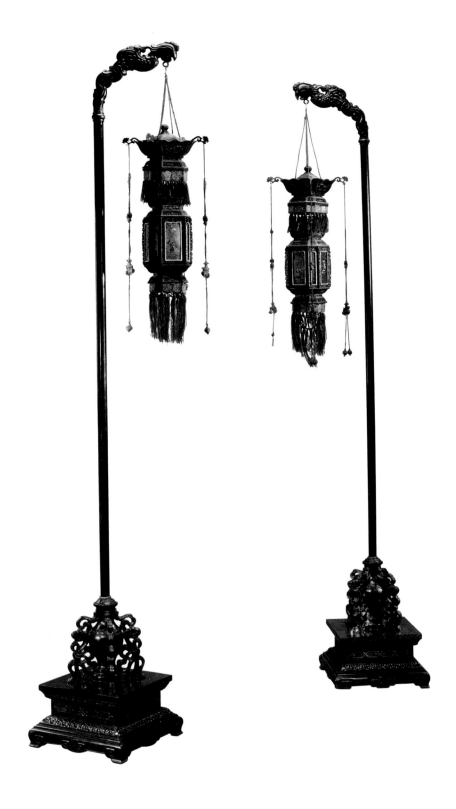

031

御制紫檀雕凤纹挑杆灯架（一对）

年　　代：清中期

尺　　寸：高 259 厘米

拍卖时间：香港佳士得　2012 年 11 月 28 日　精凝简练——美国私人收藏家珍藏中国家具　第 2041 号

估　　价：HKD 400,000—4,000,000

成 交 价：HKD 6,500,000

032

紫檀葫芦形博古架

年　　代：清

尺　　寸：高 42 厘米

拍卖时间：北京匡时　2012 年 12 月 5 日　"坤宁清漪"——官造珍玩专场　第 2004 号

估　　价：RMB 130,000—150,000

成 交 价：RMB 253,000

033
紫檀顶箱柜（一对）
年　　代：民国
尺　　寸：高 217 厘米　长 95 厘米　宽 48.8 厘米
拍卖时间：南京正大拍卖　2011 年 11 月 27 日　第十五届明清黄花梨紫檀家具专场　第 0062 号
估　　价：待查

屏蔽

中国古代紫檀木家具
拍卖投资考成汇典
ANCIENT CHINESE SANDA LWOOD
FURNITURE AUCTION INVESTMENT
INTO EXCHANGE STANDARDWW

一四八

001

紫檀六扇隔扇

年　　代：清乾隆

尺　　寸：宽 332 厘米　高 252 厘米

拍卖时间：中国嘉德　1999 年 10 月 27 日　秋季拍卖会古典家具　第 1155 号

估　　价：RMB 220,000—320,000

成 交 价：RMB 300,800

正面

背面

002

紫檀嵌松石御制诗文插屏

年　　代：清中期

尺　　寸：高 22 厘米

拍卖时间：北京翰海　2004 年 6 月 8 日　春季拍卖会中国古董珍玩　第 2085 号

估　　价：RMB 30,000—50,000

成 交 价：RMB 33,000

003

004

003

紫檀镶百宝挂屏

年　　代：清乾隆

尺　　寸：长 111 厘米　宽 84 厘米

拍卖时间：北京翰海　2004 年 11 月 22 日

　　　　　秋季拍卖会明、清家具专场　第 3158 号

估　　价：RMB 1,500,000—2,000,000

004

大理石地屏（紫檀底座）

年　　代：清

尺　　寸：长 168 厘米　宽 97 厘米

拍卖时间：天津国拍　2006 年 6 月 21 日

　　　　　瓷器玉器古董艺术品拍卖　第 977 号

估　　价：RMB 350,000—450,000

005

006

005

紫檀贴竹黄九狮大插屏

年　　代：清中期

尺　　寸：高 73 厘米

拍卖时间：北京保利　2007 年 6 月 2 日

　　　　　古董珍玩（二）第 2280 号

估　　价：RMB 600,000—800,000

成 交 价：RMB 858,000

006

紫檀嵌玉堂富贵图挂屏

年　　代：清乾隆

尺　　寸：长 109.5 厘米，高 86.5 厘米

拍卖时间：中国嘉德 2008 年 4 月 27 日

　　　　　盛世雅集——清代宫廷紫檀家具第 2205 号

估　　价：RMB 600 000—800 000

成 交 价：RMB 1 792 000

007

紫檀框黄漆嵌鹿鹤同春百宝嵌御题诗纹挂屏（一对）

年　　代：清乾隆

尺　　寸：高100厘米

拍卖时间：北京保利　2008年5月30日　开物——明清宫廷艺术夜场　第2101号

估　　价：RMB 2,200,000—3,000,000

成 交 价：RMB 2,800,000

008
紫檀雕人物双面插屏
年　　代：民国
尺　　寸：高 103 厘米
拍卖时间：2004 年 11 月 22 日
估　　价：RMB 3,800−5,800
成 交 价：RMB 4,950

正面

背面

009

紫檀掐丝珐琅鹿鹤同春砚屏

年　　代：清中期

尺　　寸：高 30 厘米

拍卖时间：北京保利　2008 年 5 月 31 日　文馨阁集珍　第 2318 号

估　　价：RMB 200,000—300,000

成 交 价：RMB 246,400

010

紫檀嵌掐丝珐琅四季花卉图插屏（一对）

年　　代：清乾隆

尺　　寸：高 26.3 厘米

拍卖时间：中国嘉德　2010 年 5 月 16 日　金错花锈——宫廷陈设掐丝珐琅　第 2477 号

估　　价：RMB 400,000—600,000

成 交 价：RMB 448,000

011

紫檀镶鸡翅木亭台楼阁人物屏风

年　　代：清

尺　　寸：高 169.5 厘米

拍卖时间：江苏爱涛　2008 年 6 月 28 日　古董珍玩——瓷器杂件专场　第 452 号

估　　价：RMB 200,000—260,000

012

紫檀雕安居乐业御题诗插屏

年　　代：清

尺　　寸：长 50.7 厘米　宽 36 厘米

拍卖时间：北京富彼　2008 年 12 月 10 日　中国古代工艺品　第 1312 号

估　　价：RMB 200,000—300,000

成 交 价：RMB 627,200

013

紫檀西番莲夔龙团寿五堂屏风

年　　代：清乾隆

尺　　寸：高 171 厘米　长 175 厘米

拍卖时间：北京保利　2009 年 5 月 29 日 中国元明清宫廷艺术（古董夜场）　第 1344 号

估　　价：RMB 1,800,000—2,800,000

成 交 价：RMB 3,920,000

014

紫檀框漆嵌黄杨柳燕图挂屏

年　　代：清乾隆

尺　　寸：长 110 厘米　宽 64 厘米

拍卖时间：北京翰海　2009 年 11 月 10 日　十五周年庆典、拍卖会明清家具　第 2836 号

估　　价：RMB 500,000—800,000

成 交 价：RMB 1,243,200

015

016

015

紫檀嵌玉亭台人物座屏

年　　代：清

尺　　寸：高 57.5 厘米

拍卖时间：北京翰海　2009 年 11 月 10 日

　　　　　十五周年庆典拍卖会明清家具　第 2831 号

估　　价：RMB 800,000—1,200,000

成 交 价：RMB 896,000

016

紫檀嵌云石座屏

年　　代：清早期

尺　　寸：长 44 厘米　宽 20 厘米　高 46 厘米

拍卖时间：北京翰海　2009 年 11 月 10 日

　　　　　十五周年庆典拍卖会明清家具　第 2832 号

估　　价：RMB 100,000—120,000

成 交 价：RMB 112,000

017

018

017

紫檀嵌象牙山水楼阁人物插屏

年　　代：清中期

尺　　寸：长 78.7 厘米　宽 83.5 厘米

拍卖时间：北京翰海　2009 年 11 月 10 日

　　　　　十五周年庆典拍卖会明清家具　第 2833 号

估　　价：RMB 500,000—700,000

成 交 价：RMB 918,400

018

紫檀嵌楼阁人物挂屏

年　　代：清乾隆

尺　　寸：长 84 厘米　宽 56.5 厘米

拍卖时间：北京翰海　2009 年 11 月 10 日

　　　　　十五周年庆典拍卖会明清家具　第 2837 号

估　　价：RMB 800,000—1,200,000

成 交 价：RMB 2,240,000

019

020

019

紫檀雕松柏长青插屏

年　　代：清乾隆

尺　　寸：长 18 厘米　宽 13 厘米　高 30 厘米

拍卖时间：北京翰海　2009 年 11 月 11 日

　　　　　十翠轩——文人雅玩集萃　第 3031 号

估　　价：RMB 80,000—100,000

020

紫檀云石面座屏

年　　代：清中期

尺　　寸：长 19 厘米　宽 9 厘米　高 23.5 厘米

拍卖时间：北京翰海　2009 年 11 月 11 日

　　　　　十翠轩——文人雅玩集萃　第 3055 号

估　　价：RMB 45,000—60,000

021

紫檀山水人物挂屏

年　　代：清

尺　　寸：长 192 厘米，宽 92 厘米

拍卖时间：南京正大 2010 年 1 月 17 日

　　　　　春季明清古典家具专场第 45 号

估　　价：RMB　730 000—1 000 000

成 交 价：RMB　824 900

022

御制紫檀嵌白玉人物插屏

年　　代：清乾隆

尺　　寸：宽 49 厘米，通高 95 厘米

拍卖时间：香港长风 2009 年 11 月 30 日

　　　　　清代宫廷真品专场第 221 号

估　　价：HKD　800 000—1 200 000

成 交 价：HKD　1 120 000

（局部）　　　　021

022

023

024

023

紫檀镶云石插屏

年　　代：清

尺　　寸：宽 58 厘米　高 56 厘米

拍卖时间：富邦　2010 年 1 月 19 日

　　　　　迎春大型艺术品拍卖古木今韵——典藏家具专场　第 218 号

估　　价：RMB 80,000—160,000

成 交 价：RMB 80,000

024

紫檀嵌玉山水人物诗文座屏

年　　代：清乾隆

尺　　寸：高 50 厘米

拍卖时间：北京保利　2010 年 6 月 5 日

　　　　　木石犀象之属　第 4558 号

估　　价：RMB 1,000,000—1,500,000

成 交 价：RMB 1,120,000

025

026

025

紫檀框云石插屏

年　　代：清

尺　　寸：高 51 厘米

拍卖时间：浙江保利　2010 年 7 月 5 日文房清玩　第 98 号

估　　价：RMB 80,000—100,000

026

奚冈宽紫檀框云石插屏

年　　代：清

尺　　寸：宽 15.3 厘米　高 16 厘米

拍卖时间：西泠印社　2010 年 7 月 6 日

　　　　　文房清玩·古玩杂件专场　第 2942 号

估　　价：RMB 80,000—100,000

成 交 价：RMB 179,200

027

028

027

紫檀边座骨雕茜色耕织图插屏

年　　代：清中期

尺　　寸：长 110.5 厘米　宽 42 厘米　高 108 厘米

拍卖时间：永乐佳士得　2010 年 5 月 18 日

　　　　　明清工艺精品第 619 号

估　　价：RMB 280,000—320,000

028

紫檀边座大理石米家山水图插屏

年　　代：清

尺　　寸：长 78.8 厘米　宽 30 厘米　高 69.5 厘米

拍卖时间：永乐佳士得　2010 年 5 月 18 日

　　　　　明清工艺精品第 692 号

估　　价：RMB 120,000—150,000

029

紫檀雕高士图插屏

年　　代：清乾隆

尺　　寸：长 39.2 厘米　宽 34 厘米　高 16 厘米

拍卖时间：中贸圣佳　2008 年 6 月 7 日　春季艺术品拍卖会中国古董珍玩专场　第 84 号

估　　价：RMB 2,600,000—3,600,000

成 交 价：RMB 4,704,000

030
紫檀云龙纹挂屏（一对）
年　　代：清
尺　　寸：高 114 厘米　宽 71 厘米
拍卖时间：中国嘉德　2010 年 6 月 19/20 日　玉器、家具、工艺品　第 4398 号
估　　价：RMB 160,000—260,000

正面

背面

031

紫檀嵌百宝挂屏

年　　代：清

尺　　寸：高 120 厘米　宽 75 厘米

拍卖时间：北京匡时　2010 年 6 月 6 日

　　　　　瓷玉工艺品专场第 1398 号

估　　价：RMB 800,000—1,000,000

成 交 价：RMB 1,200,000

032

紫檀西番莲夔龙团寿五扇屏风

年　　代：清乾隆

尺　　寸：高 171 厘米　长 175 厘半

拍卖时间：北京保利　2010 年 11 月 5 日保利 5 周年　第 253 号

成 交 价：RMB 3,920,000

033

紫檀框漆地百宝嵌博古图御题诗座屏

年　　代：清乾隆

尺　　寸：高 108 厘米　宽 68 厘米

拍卖时间：北京保利（5 周年）　2010 年 12 月 5 日　宫廷艺术与重要瓷器工艺品　第 4759 号

估　　价：RMB 2,500,000—3,500,000

成 交 价：RMB 3,920,000

034

紫檀和合二仙绣品挂屏（一对）

年　　代：清

尺　　寸：高 95.5 厘米

拍卖时间：永乐佳士得　2010 年 5 月 18 日　明清工艺精品第 692 号

估　　价：RMB 500,00—800,000

成 交 价：RMB 616,000

035

紫檀框漆地嵌百宝耕织图挂屏（一对）

年　　代：清道光

尺　　寸：高 135 厘米　宽 75 厘米

拍卖时间：北京匡时　2010 年 12 月 4 日　清代宫廷艺术品专场　第 102 号

估　　价：RMB 1,200,000—1,500,000

成 交 价：RMB 1,736,000

036

036

御制紫檀木框漆画铜鎏金"凝禧"挂屏

年　　代：清乾隆晚期

尺　　寸：高 94 厘米　宽 65 厘米

拍卖时间：伦敦佳士得　2010 年 11 月 9 日

　　　　　中国古代玉器及工艺品　第 0196 号

估　　价：GBP 5,000—7,000

成 交 价：GBP 881,250

037

紫檀雕巴洛克风格西番莲挂屏

年　　代：清乾隆

　　　　　"山谷道人"、"晋府书画之印"款

尺　　寸：高 140 厘米　宽 97 厘米

拍卖时间：北京保利（5 周年）　2010 年 12 月 5 日

　　　　　宫廷艺术与重要瓷器工艺品　第 4763 号

估　　价：RMB 800,000—1,200,000

成 交 价：RMB 2,352,000

037

038

紫檀框松鼠葡萄纹框博古图挂屏

年　　代：清乾隆

款　　识："乾隆御笔"款

尺　　寸：高 84 厘米

拍卖时间：北京保利（5 周年）　2010 年 12 月 5 日

　　　　　宫廷艺术与重要瓷器工艺品　第 4760 号

估　　价：RMB 1,500,000—2,500,000

成 交 价：RMB 1,680,000

038

039

039

紫檀框漆地嵌玉黄庭坚书法挂屏

年　　代：清乾隆

款　　识："山谷道人"、"晋府书画之印"款

尺　　寸：高 135 厘米，宽 71 厘米

拍卖时间：北京保利（5 周年）　2010 年 12 月 5 日

　　　　　宫廷艺术与重要瓷器工艺品　第 4761 号

估　　价：RMB 1,000,000—1,500,000

成 交 价：RMB 1,120,000

040

040

御制长寿多子图百宝嵌紫檀框挂屏

年　　代：乾隆

尺　　寸：高 111 厘米　宽 84 厘米

拍卖时间：北京市文物公司　2010 年 12 月 11 日

　　　　　五十周年庆典夜场　第 2332 号

估　　价：RMB 12,000,000—18,000,000

成 交 价：RMB 22,960,000

041

金笺嵌象牙仙山百子图御题诗文大挂屏

年　　代：清中期

尺　　寸：高 170 厘米　宽 88 厘米

拍卖时间：北京保利（5 周年）　2010 年 12 月 6 日

　　　　　"在望山庄"徐氏珍藏　第 4469 号

估　　价：RMB 3,000,000—5,000,000

成 交 价：RMB 3,360,000

源流：徐展堂"在望山庄"旧藏

041

042
紫檀镶云石插屏
年　　代：清乾隆
尺　　寸：长 49.5 厘米　宽 23 厘米　高 59 厘米
拍卖时间：舍得　2010 年 12 月 16 日
　　　　　中国明清家具专场拍卖会　第 99 号
估　　价：RMB　120,000—140,000

042

043
紫檀芙蓉观音诗文座屏
年　　代：清
尺　　寸：高 27.5 厘米
拍卖时间：福建省拍卖行　2010 年 12 月 26 日
　　　　　闲情偶寄—古董珍玩专场　第 526 号
估　　价：RMB 50,000—70,000
成 交 价：RMB 128,800

043

044

045

044
紫檀云石山水砚屏
年　　代：清中期
尺　　寸：通宽 20 厘米　通高 24 厘米
拍卖时间：北京长风　2011 年 1 月 20 日
　　　　　精工细琢——文玩工艺品专场　第 866 号
估　　价：RMB 20,000—40,000
成 交 价：RMB 224,000

045
紫檀嵌象牙"二甲传胪"插屏
年　　代：清乾隆
尺　　寸：高 31 厘米
拍卖时间：北京保利（第十四期）　2011 年 4 月 16 日
　　　　　京华余晖——清宫木器杂项　第 442 号
估　　价：无底价
成 交 价：RMB 138,500

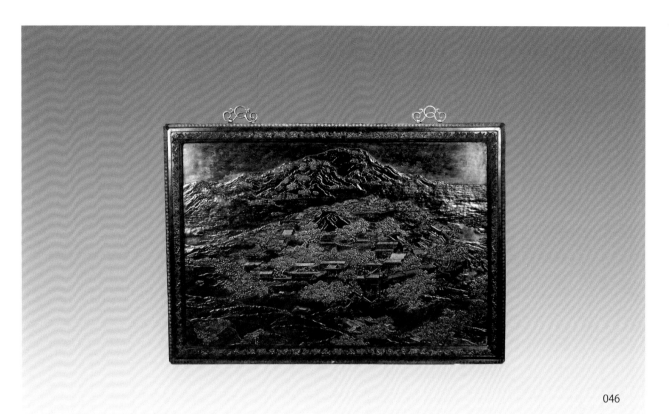

046

047

046
紫檀山水挂屏
年　　代：民国
尺　　寸：高 85.5 厘米　长 125 厘米
拍卖时间：南京正大　2011 年 4 月 23 日
　　　　　春季明清古典家具专场　第 23 号
估　　价：RMB 500,000—800,000
成 交 价：RMB 616,000

047
紫檀座黄花梨雕拐子龙插屏
年　　代：清
尺　　寸：高 105 厘米　长 63.5 厘米　宽 31.5 厘米
拍卖时间：南京正大　2011 年 4 月 23 日
　　　　　春季明清古典家具专场　第 40 号
估　　价：RMB 58,000—88,000
成 交 价：RMB 87,000

048

049

048

紫檀雕锦纹框浮雕山水人物大挂屏

年　　代：明

尺　　寸：长 159 厘米　宽 91 厘米

拍卖时间：北京保利　2011 年 6 月 6 日

　　　　　中国古典家具夜场第 8900 号

估　　价：RMB 3,000,000—4,000,000

成 交 价：RMB 3,450,000

049

紫檀框漆地嵌珐琅象牙园景挂屏（一对）

年　　代：清乾隆

尺　　寸：直径 68 厘米

拍卖时间：北京匡时　2011 年 6 月 8 日

　　　　　清代宫廷艺术品专场　第 2423 号

估　　价：RMB 2,500,000—2,800,000

成 交 价：RMB 3,220,000

050

051

050
紫檀雕花嵌百宝山水纹寿桃形挂屏
年　　代：清乾隆
尺　　寸：直径 87 厘米
拍卖时间：巴黎苏富比　2011 年 6 月 9 日
　　　　　Arts d'Asie　第 147 号
估　　价：RMB 3,000,000—4,000,000
成 交 价：RMB 3,450,000

051
紫檀嵌八宝葫芦挂屏
年　　代：清乾隆
尺　　寸：高 86 厘米
拍卖时间：中贸圣佳　2012 年 7 月 22 日
　　　　　古董珍玩工艺品专场　第 2105 号
估　　价：RMB 250,000—350,000

（侧面）

052

053

052

紫檀插屏座

年　　代：清乾隆

尺　　寸：高 24 厘米　长 57 厘米　宽 21 厘米

拍卖时间：中国（嘉德四季）　2011 年 6 月 20 日

　　　　　佳器遗构——明清家具构件及古典家具专场　第 5322 号

估　　价：RMB 400,000—500,000

成 交 价：RMB 460,000

053

紫檀嵌玉荷塘鸳鸯插屏

年　　代：清

尺　　寸：高 19.5 厘米

拍卖时间：太平洋　2011 年 12 月 17 日

　　　　　怀古论今——重要明清杂项及工艺品专场　第 1043 号

估　　价：RMB 45 000

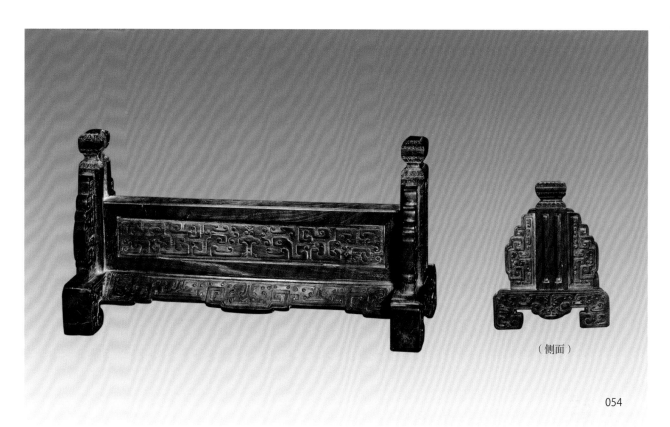

（侧面）

054

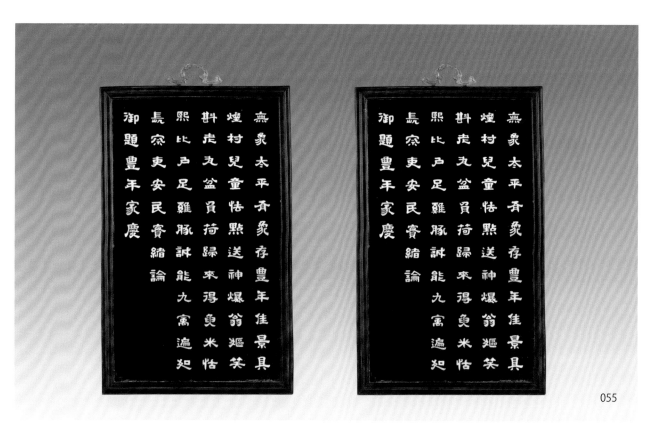

055

054

紫檀插屏座

年　　代：清

尺　　寸：直长 30 厘米

拍卖时间：中国嘉德四季　2011 年 6 月 20 日

　　　　　佳器遗构——明清家具构件及古典家具专场　第 5302 号

估　　价：无底价

成　交　价：RMB 13,800

055

紫檀包镶框黑漆嵌玉御题诗挂屏（一对）

年　　代：清乾隆

尺　　寸：高 87 厘米　宽 55 厘米

拍卖时间：北京保利　2012 年 6 月 5 日

　　　　　宫廷艺术与重要瓷器工艺品　第 6247 号

估　　价：RMB 1,500,000—2,500,000

成　交　价：RMB 1,725,000

侧面

056

紫檀嵌玉龙纹砚屏

年　　代：清乾隆

尺　　寸：长 27 厘米　高 27 厘米

拍卖时间：浙江佳宝　2011 年 12 月 28 日　长物江南——私人珍藏专场　第 91 号

估　　价：RMB 800,000—1,800,000

成 交 价：RMB 2,240,000

057

紫檀雕云龙纹嵌金银丝宫廷宝座屏

年　　代：清乾隆

尺　　寸：高 203 厘米　长 213 厘米

拍卖时间：宁波富邦　2012 年 2 月 11 日典藏家具　第 341 号

估　　价：RMB 2,800,000—4,500,000

成 交 价：RMB 5,200,000

058

紫檀嵌珐琅内画玻璃屏风雨扇

年　　代：清乾隆

尺　　寸：长170.2厘米　宽43.2厘米

拍卖时间：永乐佳士得　2011年11月15日　重要明清瓷器、金锭及工艺精品　第156号

估　　价：RMB 700,000—800,000

（局部）

059

紫檀嵌楠木瑞兽纹八扇围屏

年　　代：清

尺　　寸：长 203.2 厘米　宽 40.6 厘米

拍卖时间：纽约佳士得　2012 年 9 月 14 日　中国重要瓷器及工艺品（二）　第 1365 号

估　　价：USD 10,000—15,000

成 交 价：USD 458,500

060

宫廷御用紫檀嵌百宝御咏桃花诗清供图插屏

年　　代：清乾隆

尺　　寸：长 58 厘米　宽 35 厘米

拍卖时间：2012 年 8 月 4 日　新海上雅集 2012 年大型艺术品拍卖会——皇室长物第 460 号

估　　价：RMB 1,500,000

061

紫檀山水人物大座屏

年　　代：明末清初

尺　　寸：高 116 厘米　长 84 厘米　宽 38.5 厘米

拍卖时间：中国嘉德（香港）　2012 年 10 月 7 日　观华——明清古典家具及庭院陈设精品　第 363 号

估　　价：HKD 3,600,000—6,000,000

成 交 价：HKD 4,830,000

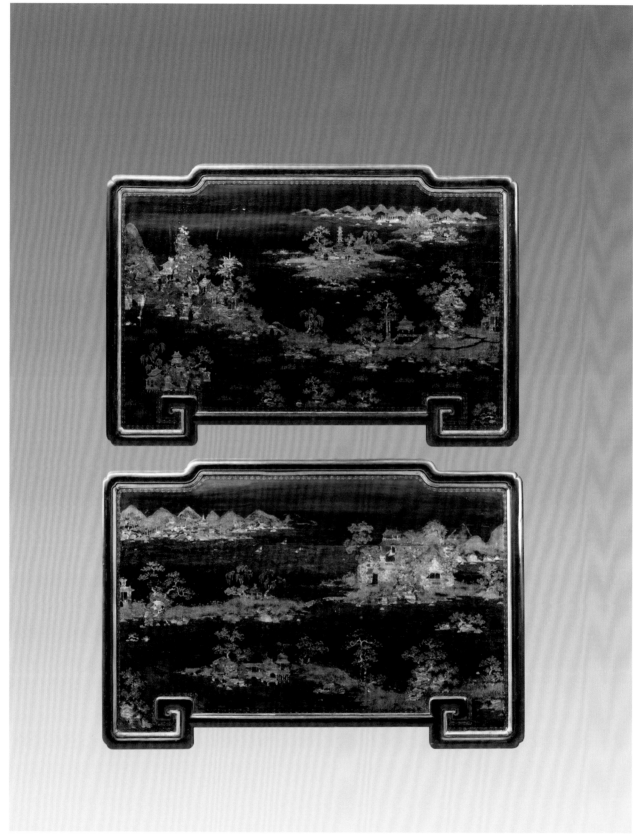

062

紫檀嵌螺钿山水纹挂屏

年　　代：清乾隆

尺　　寸：高 70 厘米　长 106 厘米　厚 3 厘米

拍卖时间：中国嘉德（香港）　2012 年 10 月 7 日　观华——明清古典家具及庭院陈设精品　第 380 号

估　　价：HKD 2,000,000—3,000,000

成 交 价：HKD 2,300,000

文房用具及其他  中国古代紫檀木家具
拍卖投资考成汇典
ANCIENT CHINESE SANDA LWOOD
FURNITURE AUCTION INVESTMENT
INTO EXCHANGE STANDARDWW

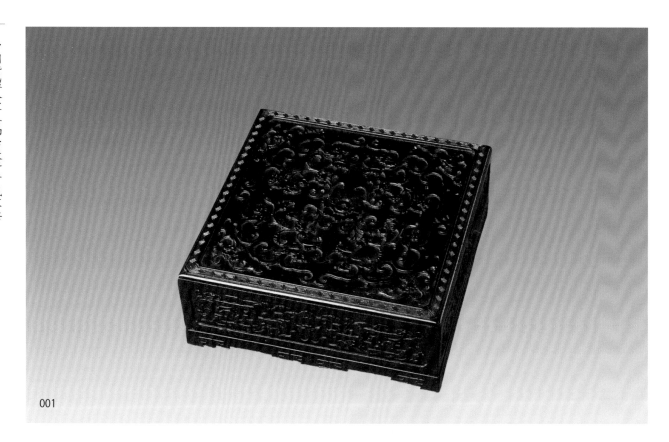

001

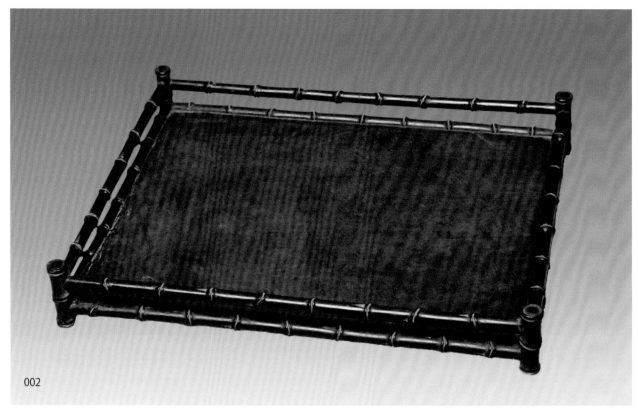

002

001	002
紫檀雕缠枝莲纹方盒	紫檀瘿木文具盘
年　　代：清中期	年　　代：清中期
尺　　寸：长20厘米　宽20厘米　高7.3厘米	尺　　寸：长62厘米　宽34厘米　高6厘米
拍卖时间：中国嘉德　1999年10月27日	拍卖时间：中国嘉德　1999年10月27日
秋季拍卖会古典家具　第1154号	秋季拍卖会古典家具　第1153号
估　　价：RMB 32,000—42,000	估　　价：RMB 10,000—20,000
成 交 价：RMB 33,000	成 交 价：RMB 13,200

003

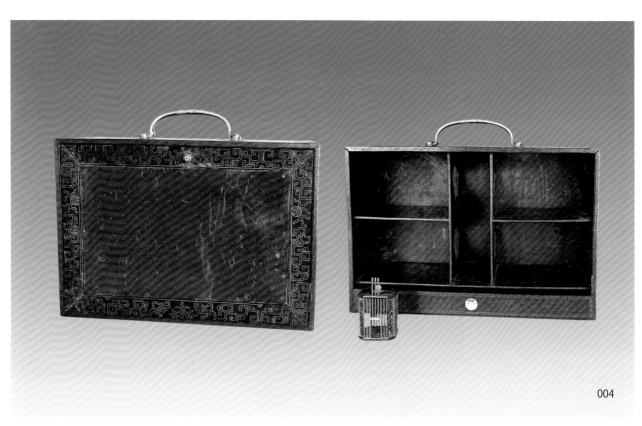

004

003

紫檀雕福寿框"允升堂"匾

年　　代：清中期

尺　　寸：宽160厘米　高56厘米

拍卖时间：中国嘉德　1999年10月27日

　　　　　秋季拍卖会古典家具　第1159号

估　　价：RMB 60,000—80,000

成 交 价：RMB 60,500

004

紫檀嵌瘿子木银丝蟋蟀箱

年　　代：清乾隆

尺　　寸：高23厘米　长33厘米　厚14.5厘米

拍卖时间：北京保利　2007年6月2日

　　　　　古董珍玩（二）第2273-1-2号

估　　价：RMB 60,000—80,000

005

金星紫檀象耳云龙纹大香熏

年　　代：民国

尺　　寸：高 172 厘米　长 140 厘米

拍卖时间：南京正大　2008 年 1 月 19 日　迎春明清古典家具专场　第 34 号

估　　价：RMB 1,800,000—4,800,000

成 交 价：RMB 2,640,000

006

006

紫檀平顶雕花官皮箱

年　　代：清中期

尺　　寸：高 41 厘米

拍卖时间：北京万隆　2009 年 6 月 26 日

　　　　　瓷器工艺品专场第 156 号

起 拍 价：RMB 150,000—250,000

007

紫檀雕福寿长青笔筒

年　　代：清中期

尺　　寸：高 10 厘米

拍卖时间：北京翰海　2009 年 11 月 11 日

　　　　　十翠轩——文人雅玩集萃　第 3085 号

估　　价：RMB 120,000—150,000

007

008

009

008

紫檀文具提盒

年　　代：清中期

尺　　寸：长 21.3 厘米　宽 20.5 厘米　高 26 厘米

拍卖时间：永乐佳士得　2009 年 12 月 13 日

　　　　　明清工艺精品　第 698 号

估　　价：RMB 80,000—100,000

009

紫檀提梁文具盒

年　　代：清

尺　　寸：长 14 厘米　宽 16 厘米　高 17.2 厘米

拍卖时间：西泠印社　2009 年 12 月 20 日

　　　　　文房清玩·古玩杂件专场　第 1735 号

估　　价：RMB 40,000—50,000

成 交 价：RMB 12,000

010

011

010

紫檀玻璃彩绘花鸟图六方宫灯

年　　代：清乾隆

尺　　寸：高 46.3 厘米

拍卖时间：永乐佳士得　2009 年 12 月 13 日

　　　　　明清工艺精品第 664 号

估　　价：RMB 150,000—250,000

011

紫檀提盒

年　　代：清早期

尺　　寸：长 18.5 厘米　宽 14 厘米　高 19.2 厘米

拍卖时间：永乐佳士得　2009 年 12 月 13 日

　　　　　明清工艺精品　第 697 号

估　　价：RMB 50,000—80,000

（局部）

012

御制紫檀雕云龙文具盒

年　　代：清乾隆

尺　　寸：高 10 厘米　长 43.5 厘米　宽 30.3 厘米

拍卖时间：中国嘉德　2010 年 5 月 16 日　巅淞阁——文房清供　第 2429 号

估　　价：RMB 1,600,000—2,600,000

成 交 价：RMB 2,240,000

013

紫檀船型游园灯

年　　代：清

尺　　寸：高 25 厘米　长 47.5 厘米　宽 19 厘米

拍卖时间：南京正大　2010 年 1 月 17 日　春季明清古典家具专场　第 19 号

估　　价：RMB 70,000—90,000

成 交 价：RMB 113,000

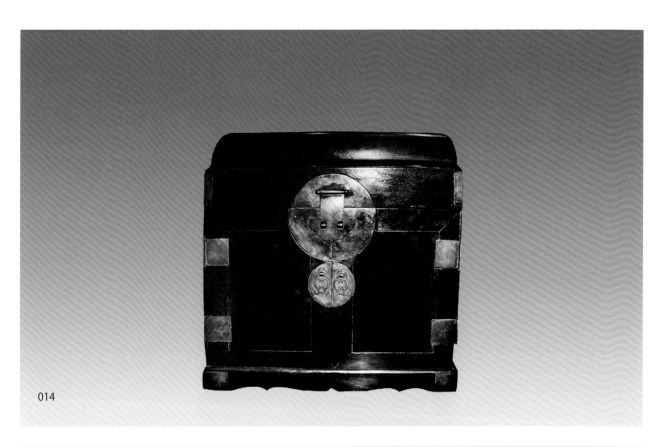

014

015

014

紫檀官皮箱

年　　代：清

尺　　寸：高 33 厘米　长 32 厘米　宽 24 厘米

拍卖时间：南京正大　2010 年 1 月 17 日

　　　　　春季明清古典家具专场　第 15 号

估　　价：RMB 290,000—490,000

成 交 价：RMB 565,000

015

紫檀四方宫灯（一对）

年　　代：清

尺　　寸：高 56 厘米

拍卖时间：华辰拍卖　2010 年 5 月 15 日

　　　　　荷香书屋拾珍——张宗宪先生收藏　第 1054 号

估　　价：RMB 280,000—380,000

016

017

016

吕世宜为陈鼎铸铭紫檀笔筒

年　　代：清

尺　　寸：高 18.9 厘米　直径 18.1 厘米

拍卖时间：中国嘉德　2010 年 5 月 16 日

　　　　　蜀淞阁——文房清供　第 2425 号

估　　价：RMB 380,000—580,000

017

紫檀树根随形笔筒

年　　代：清中期

尺　　寸：高 35.5 厘米　直径 31.5 厘米

拍卖时间：中国嘉德　2008 年 4 月 27 日

　　　　　盛世雅集——清代宫廷紫檀家具　第 2213 号

估　　价：RMB 450,000—650,000

成　交　价：RMB 582,400

018

紫檀嵌八宝拜盒

年　　代：清乾隆

尺　　寸：长 29 厘米　宽 18 厘米　高 10 厘米

拍卖时间：浙江保利　2010 年 1 月 23 日文房清玩　第 103 号

估　　价：RMB 2,200,000—2 500,000

019

紫檀刻龙纹三层宝盒

年　　代：清乾隆

尺　　寸：高 14.5 厘米　长 32 厘米　宽 16 厘米

拍卖时间：北京匡时　2010 年 6 月 6 日　清代宫廷御制艺术精品　第 1166 号

估　　价：RMB 2,800,000—3,500,000

020

紫檀宫廷小万历柜（一对）

年　　代：清

尺　　寸：长 35.5 厘米　宽 23.5 厘米　高 58.5 厘米

拍卖时间：浙江佳宝　2010 年 6 月 6 日 宫廷典藏家具拍卖专场　第 32 号

估　　价：RMB 1,500,000—2,500,000

成 交 价：RMB 2,464,000

021

紫檀嵌铜双提耳小木箱

年　　代：清

尺　　寸：长 42.5 厘米　宽 23 厘米

拍卖时间：福建省拍卖行厦门唐颂 2010 年 6 月 21 日　古董珍玩专场　第 316 号

估　　价：RMB 200,000—30,000

成 交 价：RMB 44,800

022

紫檀嵌黄花梨提梁盒

年　　代：清

尺　　寸：长18厘米　宽12厘米　高20厘米

拍卖时间：西泠印社　2010年7月6日　文房清玩·古玩杂件专场　第2713号

估　　价：RMB 60,000—80,000

成 交 价：RMB 78,000

023

紫檀雕福寿纹托座

年　　代：清

尺　　寸：高 13 厘米　长 38 厘米　宽 22.5 厘米

拍卖时间：南京正大　2010 年 9 月 26 日　春季明清古典家具专场　第 3 号

估　　价：RMB 260,000—560,000

成 交 价：RMB 67,000

024

紫檀"周蟠夔鼎"古器座

年　　代：清乾隆

款　　识："乾隆御玩"、"二"楷书刻款

尺　　寸：长 29 厘米

拍卖时间：北京保利（第十二期）2010 年 10 月 24 日　京华余晖——清宫木器杂项　第 1435 号

估　　价：无底价

成 交 价：RMB 112,000

025

紫檀刻御题诗玉器座

年　　代：清乾隆

款　　识 "甲" 楷书刻款

尺　　寸：外径 21 厘米

拍卖时间：北京保利（第十二期）2010 年 10 月 24 日　京华余晖——清宫木器杂项第 1439 号

估　　价：无底价

成 交 价：RMB 492,800

026

027

026

紫檀刻夔龙纹框

年　　代：清乾隆

尺　　寸：高 106 厘米　宽 70 厘米

拍卖时间：北京保利（第十二期）2010 年 10 月 24 日

　　　　　京华余晖——清宫木器杂项　第 1459 号

估　　价：无底价

成 交 价：RMB 470,400

027

紫檀雕"周洛纹壶"古器座

年　　代：清乾隆

　　　　　"乾隆御玩"楷书刻款

尺　　寸：长 6.5 厘米

拍卖时间：北京保利（第十二期）2010 年 10 月 24 日

　　　　　京华余晖——清宫木器杂项　第 1443 号

估　　价：无底价

成 交 价：RMB 145,600

028

029

028

紫檀雕宝相花方框

年　　代：清乾隆
尺　　寸：长 114 厘米
拍卖时间：北京保利（第十二期）2010 年 10 月 24 日
　　　　　京华余晖——清宫木器杂项　第 1460 号
估　　价：无底价
成 交 价：RMB 313,600

029

紫檀雕锦地纹挂屏框

年　　代：清乾隆
尺　　寸：高 107 厘米　宽 67 厘米
拍卖时间：北京保利（第十二期）2010 年 10 月 24 日
　　　　　京华余晖——清宫木器杂项第 1461 号
估　　价：无底价
成 交 价：RMB 369,600

030

031

030

紫檀雕缠枝纹方框

年　　代：清乾隆

尺　　寸：长 112 厘米

拍卖时间：北京保利（第十二期）2010 年 10 月 24 日

　　　　　京华余晖——清宫木器杂项　第 1462 号

估　　价：无底价

成 交 价：RMB 112,600

031

紫檀雕缠枝莲挂屏框

年　　代：清乾隆

尺　　寸：高 120 厘米　宽 76.5 厘米

拍卖时间：北京保利（第十二期）2010 年 10 月 24 日

　　　　　京华余晖——清宫木器杂项　第 1463 号

估　　价：无底价

成 交 价：RMB 660,800

032

033

032

紫檀木嵌楠木瘿木药箱

年　　代：明末清初

尺　　寸：高 26 厘米　宽 17.2 厘米　深 28.2 厘米

拍卖时间：中国嘉德　2011 年 5 月 21 日

　　　　　读往会心——侣明室藏明式家具　第 3342 号

估　　价：RMB 100,000—150,000

成 交 价：RMB 368,000

033

紫檀书箱

年　　代：清早期

尺　　寸：高 37.5 厘米　长 44 厘米　宽 30 厘米

拍卖时间：南京正大　2010 年 12 月 12 日

　　　　　秋季宫廷御制古典家具专场　第 18 号

估　　价：RMB 190,000—290,000

成 交 价：RMB 280,000

034

035

034

周芷岩制紫檀竹石诗文笔筒

年　　代：清乾隆
尺　　寸：高19厘米
拍卖时间：中国嘉德　2010年11月21日
　　　　　絜古怡情——墨痴楼座右长物　第2312号
估　　价：RMB 600,000—800,000

035

紫檀龙纹大镜匣

年　　代：清早期
尺　　寸：高18厘米　长45厘米　宽45厘米
拍卖时间：南京正大　2010年12月12日
　　　　　秋季宫廷御制古典家具专场　第19号
估　　价：RMB 120,000—320,000
成 交 价：RMB 224,000

036

御制紫檀嵌百宝绶带鸟海棠纹大套盒

年　　代：清乾隆

尺　　寸：长 35 厘米　宽 21.2 厘米　高 22.5 厘米

拍卖时间：浙江钱塘　2011 年 6 月 12 日

　　　　　皇苑遗珍——宫廷文房雅玩专场　第 8 号

估　　价：RMB 2,000,000—3,000,000

成 交 价：RMB 5,600,000

037

紫檀雕花卉大底座

年　　代：清

尺　　寸：高 29 厘米　直径 49 厘米　长 89.5 厘米

拍卖时间：南京正大　2010 年 12 月 12 日　秋季宫廷御制古典家具专场　第 44 号

估　　价：RMB 860,000—1,260,000

成 交 价：RMB 1,568,000

038

039

038

紫檀器座

年　　代：清乾隆

尺　　寸：直径 14 厘米

拍卖时间：中国嘉德四季　2011 年 6 月 20 日

　　　　　佳器遗构——明清家具构件及古典家具专场　第 5344 号

估　　价：RMB 80,000—100,000

成 交 价：RMB 92,000

039

紫檀雕西番莲蝙蝠纹镜框

年　　代：清乾隆

尺　　寸：长 85 厘米　宽 68 厘米

拍卖时间：2012 年 8 月 4 日新海上雅集

　　　　　2012 年大型艺术品拍卖会——皇室长物　第 423 号

估　　价：RMB 100,000

040

041

040

紫檀枕式盖箱

年　　代：清（十八世纪）

尺　　寸：高13厘米　长29.8厘米　宽14厘米

拍卖时间：纽约佳士得　2012年3月22日

　　　　　御案清玩——普孟斐珍藏选粹　第1313号

估　　价：USD 15,000—18,000

成 交 价：USD 18,750

041

紫檀象盝顶文具箱

年　　代：清

尺　　寸：宽32.5厘米　高33厘米

拍卖时间：2012年8月4日新海上雅集

　　　　　2012年大型艺术品拍卖会——

　　　　　瓷、玉、工艺品专场　第794号

估　　价：RMB 120,000

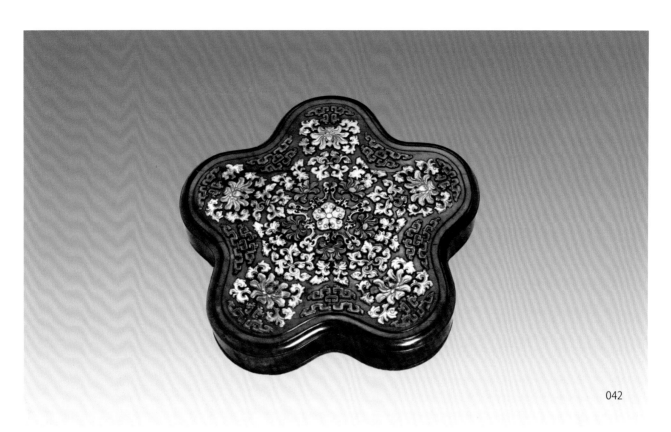

042

043

042

紫檀嵌玉芙蓉纹梅花式盖盒

年　　代：清十八世纪／十九世纪初

尺　　寸：周长 49 厘米

拍卖时间：纽约佳士得　2012 年 9 月 14 日

　　　　　中国重要瓷器及工艺品（二）　第 1368 号

估　　价：USD 40,000—60,000

成 交 价：USD 62,500

043

紫檀小药箱

年　　代：清早期

尺　　寸：高 16.2 厘米　长 17 厘米　厚 12 厘米

拍卖时间：中国嘉德（香港）　2012 年 10 月 7 日

　　　　　观华——明清古典家具及庭院陈设精品　第 351 号

估　　价：HKD 50,000—80,000

成 交 价：HKD 78,200

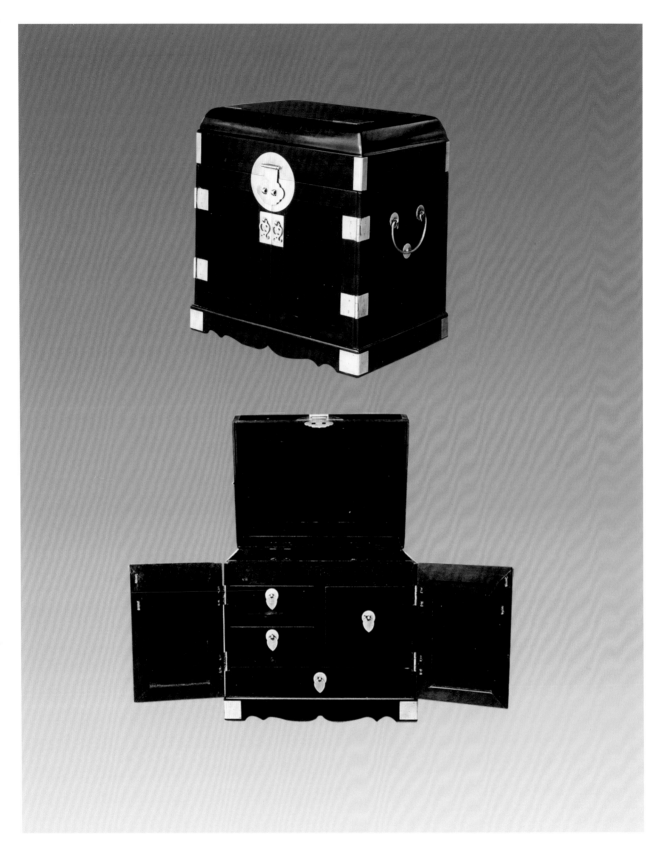

044

紫檀黄花梨盝顶官皮箱

年　　代：明末清初

尺　　寸：高 39 厘米　长 36 厘米　宽 27 厘米

拍卖时间：中国嘉德（香港）　2012 年 10 月 7 日　观华——明清古典家具及庭院陈设精品　第 360 号

估　　价：HKD 250,000—500,000

成 交 价：HKD 368,000

045

紫檀三层提盒

年　　代：清乾隆

尺　　寸：长 21.5 厘米　高 12.3 厘米　高 16.5 厘米

拍卖时间：北京匡时　2012 年 12 月 5 日　"坤宁清漪"——官造珍玩专场　第 2002 号

估　　价：RMB 250,000—280,000

成 交 价：RMB 287,500

046

047

046

紫檀雕树瘤笔筒

年　　代：清中期

尺　　寸：高 21.6 厘米

拍卖时间：香港佳士得　2012 年 11 月 28 日

　　　　　精凝简练——美国私人收藏家珍藏中国家具　第 2044 号

估　　价：HKD 100,000—150,000

成 交 价：HKD 212,500

047

紫檀屏座

年　　代：清中期

尺　　寸：高 56.7 厘米　宽 65.4 厘米　深 31.3 厘米

拍卖时间：香港佳士得　2012 年 11 月 28 日

　　　　　精凝简练——美国私人收藏家珍藏中国家具　第 2048 号

估　　价：HKD 240,000—400,000

成 交 价：HKD 740,000

048

049

048

紫檀起线三足笔筒

年　　代：清早期

尺　　寸：高 18.8 厘米　直径 19.4 厘米

拍卖时间：北京保利　2012 年 12 月 6 日

　　　　　中国古典家具第 7121 号

估　　价：RMB 180,000—300,000

成 交 价：RMB 391,000

049

紫檀龙凤纹盒

年　　代：清中期

尺　　寸：高 19 厘米　长 41.5 厘米　宽 29.5 厘米

拍卖时间：北京保利　2012 年 12 月 6 日

　　　　　中国古典家具第 7120 号

估　　价：RMB 150,000—250,000

成 交 价：RMB 230,000

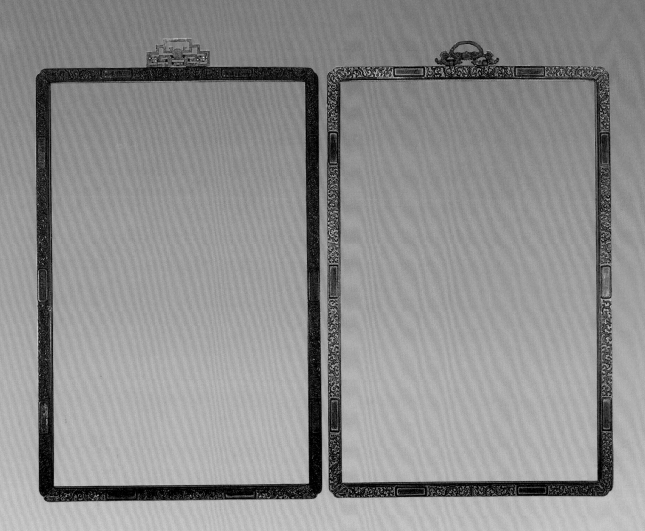

050
紫檀雕缠枝莲挂屏框（一对）
年　　代：清乾隆
尺　　寸：长 76.5 厘米　高 113 厘米
拍卖时间：北京保利　2012 年 12 月 7 日　中国古董珍玩　第 7789 号
估　　价：RMB 600,000—800,000
成 交 价：RMB 690,000

051

紫檀描金缠枝花卉碧纱橱宫灯

年　　代：清乾隆

尺　　寸：高 61 厘米　长 38 厘米　宽 38 厘米

拍卖时间：中国嘉德（香港）　2012 年 10 月 7 日　观华——明清古典家具及庭院陈没精品　第 379 号

估　　价：HKD 2,000,000—3,000,000

成 交 价：HKD 2,300,000

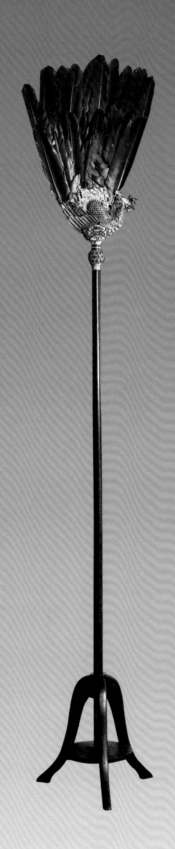

052

紫檀圆杆座铜胎京作珐琅凤纹宫仪扇

年　　代：清乾隆

尺　　寸：高 254 厘米

拍卖时间：北京保利（第十二期）2010 年 10 月 24 日 京华余晖－清宫木器杂项　第 1476 号

估　　价：无底价

成 交 价：RMB470..400